PREUVES

DU

MEMOIRE

DES

PAIRS DE FRANCE,

Contre l'Arrest du 2. Septembre 1715.

RECUEIL

DES ECRITS

QUI ONT E'TE' FAITS

SUR LE DIFFEREND

ENTRE LES PAIRS DE FRANCE
& les Presidens à Mortier du Parlement de Paris,
pour la maniere d'opiner aux Lits de Justice, avec
l'Arrêt donné par le Roy en son Conseil en faveur des
Pairs en 1664.

SECONDE EDITION.

LETTRE
D'UN
DUC ET PAIR
DE FRANCE

A UN AUTRE DUC ET PAIR
de ses Amis, qui est à la Campagne.

JE n'eusse pas differé si long-temps, MONSIEUR, à satisfaire la juste curiosité que vous avez de voir les Ecrits qui ont été donnez au Roy de part & d'autre sur nôtre differend avec les Presidens, touchant l'honneur d'opiner les premiers aux Lits de Justice, si j'eusse plûtôt eu toutes les pieces de ce celebre procés. Mais l'on n'a pû recouvrer leur dernier Memoire que quelques jours après le jugement contradictoire que le Roy en a donné sur la fin du mois passé: Et nos Confreres ayant jugé à propos de faire imprimer tous ces Memoires avec l'Arrest de Sa Majesté, afin d'en avoir tous plus facilement des copies, & en pouvoir faire part à leurs amis, j'ai crû devoir attendre cette impression, dans la creance que vous aimeriez beaucoup mieux les avoir plus tard imprimez, que de les avoir quelques jours plûtôt avec mille fautes de Copiste.

Vous y verrez à la fin, MONSIEUR, un Ecrit que les Pairs y ont fait joindre, pour répondre au dernier Memoire des Presidens, qui ne leur a pas été communiqué avant le jugement; & ainsi vous serez pleinement instruit de l'affaire après que je vous aurai informé icy en peu de mots de ce qui s'y est passé depuis vôtre absence.

Vous avez été témoin, MONSIEUR, qu'ayant tous resolu ici d'un commun accord de ne pas laisser plus long-temps joüir les Presidens d'un droit qui nous appartenoit legitimement, & dont nous avions été en possession durant plusieurs siecles, nous voulûmes neanmoins garder en cette poursuite toutes les mesures de civilité, d'honnêteté & de bienseance, en n'y faisant aucun pas que nous ne leur en eussions fait parler. Vous sçavez qui furent ceux de nos Confreres qui se chargerent d'en faire compliment aux Presidens de leurs amis; Et vous sçavez que cette

A

honnêteté au lieu de les porter à rendre aux Pairs en cette rencontre la juftice qu'ils doivent à tout le monde, ne fervit qu'à leur donner le temps de prendre les devants les premiers, & de ramaffer la plûpart des Regiftres qui leur étoient favorables, pour les faire voir à Sa Majefté.

Ainfi les Pairs qui avoient laiffé perdre beaucoup de temps en ces démarches de civilité, fe trouvant preffeZ par le jour que le Roy devoit aller au Parlement pour le Traité de Loraine, ne pûrent que luy prefenter à la hafte leur premier Memoire, qui étoit trop court & trop peu prouvé, pour détruire en fi peu de temps dans l'efprit du Roy tous les exemples contraires qu'on luy avoit produits dans les Regiftres. C'eft pourquoy il ne faut pas s'étonner fi Sa Majefté voulut remettre aprés ce Lit de Juftice, à examiner l'affaire plus à fonds, nous déclarant cependant que tout ce fe passeroit dorefnavant ne tireroit point à confequence.

Les Pairs neanmoins qui fe trouverent à cette Seance, ayant pris leur temps que M. le Chancelier demandoit les avis aux Princes, s'en approcherent pour opiner; en forte que lorfque M. le Chancelier voulut revenir à eux, aprés eftre defcendu aux Prefidens, ils luy dirent qu'ils avoient déja opiné, & ne le voulurent plus faire.

Vous aveZ bien fçû, MONSIEUR, que depuis cela nous ne crûmes pas qu'il fût à propos d'importuner le Roy pour le jugement de ce differend, jufques à ce que la rencontre d'un Lit de Juftice nous en fift naître l'occafion. Comme neanmoins nous craignîmes d'être furpris à l'avenir, ainfi que nous l'avions déja une fois été, nous nous refolûmes de faire dreffer un Memoire ou Requefte pour prefenter à Sa Majefté, auffi-tôt que nous ferions avertis qu'elle voudroit aller au Parlement. Et c'eft le fecond Memoire qui eft cy-aprés, qu'un d'entre nous fut chargé par nos Confreres de dreffer en peu de paroles.

Comme vous ne vous êtes point trouvé à Paris depuis que nous avons reparlé au Roy fur cette affaire, je vous dirai, MONSIEUR, qu'avant que Sa Majefté allât au Parlement pour la reception des derniers Ducs & Pairs, un de nous luy reprefenta pour tous les autres nos interêts, afin de fçavoir comment il luy plairoit que nous en ufaffions en cette rencontre. Le Roy luy fit l'honneur de luy répondre, qu'il retourneroit quinZe jours aprés au Parlement, qu'avant cela il decideroit la chofe, & que cependant il ne fe pafferoit rien à nôtre prejudice en cette Seance.

Quelques jours aprés deux des anciens Pairs prefenterent au Roy le Memoire ou Requefte dont nous venons de parler, que Sa Majefté reçût favorablement; mais ayant témoigné defirer qu'elle fût fignée, nous nous affemblâmes pour executer cet ordre, & trois des anciens Pairs laïques, & un des Ecclefiaftiques, furent nommez pour la mettre entre les mains de Sa Majefté.

Les Prefidens voyant que le Roy ne s'étoit pas contenté d'un Memoire particulier que le Premier Prefident luy avoit d'abord donné, mais en avoit demandé un autre en forme de la part de tous; Ils s'aviferent, pour engager tout le Parlement en une caufe qui leur étoit particuliere, & y donner plus de confideration & plus de poids, d'affembler les Chambres, pour y faire refoudre la chofe par une commune déliberation; & en firent encore de même lorfqu'il falut

relire leur Memoire pour l'approuver. Ils y firent même entrer les Gens du
Roy, qui y avoient encore moins d'interêt, & l'ayant fait signer, DU TILLET,
le Premier Président le presenta à Sa Majesté.

Toutes ces longueurs, MONSIEUR, qui paroissoient un peu affectées
par les Presidens, pour avoir le temps de voir nôtre Requeste, eurent l'effet
qu'ils en desiroient. Car encore que selon l'ordre établi par Sa Majesté, ces
deux premiers Memoires dussent être communiquez aux Parties en un même jour,
ainsi que M. le Chancelier le fit en forme quelques jours après, nous prîmes
si peu de soin de tenir le nôtre secret, que même nous en donnâmes des copies à
plusieurs personnes. De sorte que les Presidens eurent l'avantage de le voir,
avant que de donner au Roy leur premier Memoire, & d'y répondre en plusieurs
endroits.

Les premiers Memoires ayant été donnez reciproquement aux Parties, nous
nous assemblâmes pour lire celuy des Presidens, & pour resoudre la réponse que
nous y ferions. L'on nomma quatre Commissaires pour y travailler; Sçavoir, un
des Pairs Ecclesiastiques, & trois des Laïques; & quinze jours après nous nous
rassemblâmes pour relire cette Réponse & pour l'approuver.

Les mêmes Commissaires qui y avoient travaillé, après l'avoir fait signer de
tous ceux qui étoient icy ou à Saint-Germain, la presenterent au Roy en ce lieu-là;
& quoique le Memoire des Presidens nous eût obligé à la faire plus longue que
nous n'eussions voulu, Sa Majesté se donna neanmoins la patience de se la faire
toute lire dès ce jour-là.

Les Presidens, qui apparemment esperoient toûjours tirer quelque copie de
nôtre dernier Memoire, ainsi qu'ils avoient fait de nôtre Requeste, differoient
toûjours à donner le leur; mais les Pairs l'ayant tenu fort secret pour suivre l'ordre
du Roy; & Sa Majesté ayant fait presser les Presidens, ils eurent recours à une
nouvelle adresse; Ils assemblerent les Chambres un peu avant la Semaine sainte,
& y firent resoudre des Remonstrances pour demander au Roy la communication de
nôtre dernier Memoire, avant que de répondre au premier; sur ce qu'ils alleguoient
que nous n'avions pas mis nos principales raisons dans nôtre premier Memoire,
mais les avions reservées pour nôtre dernier.

Ce prétexte paroissoit plausible, mais Sa Majesté en reconnut aussi-tôt l'illusion,
& vit bien qu'outre que cette demande étoit contre l'ordre qu'elle avoit établi dans
la procedure de cette affaire, cela l'eût jettée en des longueurs infinies. Ainsi le
Roy n'ayant pas jugé à propos de leur accorder cette communication, il ordonna
aux Presidens de luy donner au plûtôt la réponse qu'ils devoient faire à nôtre
Requeste.

Les Reflexions qui sont à la fin de toutes ces pieces, & qui ont été faites par un
de nos amis que vous connoissez, font voir clairement l'équité de la conduite du
Roy en cette rencontre.

Après que les Presidens eurent presenté au Roy leur dernier Memoire, ce
qu'on m'a dit ne s'estre fait que depuis Pâques, Sa Majesté qui avoit déja lû
avec soin les quatre Memoires, ne voulut pas juger seul le differend; mais elle
assembla pour cet effet un Conseil extraordinaire, où se trouva toute la Maison
Royale avec plusieurs Conseillers d'Estat. Le Roy y fit lire tout du long tous ces

Memoires, & aprés avoir témoigné qu'il defiroit que chacun y dît fes fentimens avec liberté, tous opinerent fort au long, & j'ay appris qu'il n'y eut pas une feule voix contre nous.

Le Roy ayant fait fçavoir l'Arreft aux Prefidens peu de jours aprés, il le fit executer en fa prefence par M. le Chancelier, qui dans le Lit de Juftice du 29. Avril dernier, prit l'avis des Pairs avant que de defcendre pour prendre celuy des Prefidens.

M. le Chancelier donna le même jour l'Arreft au Greffier du Parlement pour l'enregiftrer : Et ainfi l'affaire fut heureufement terminée en nôtre faveur. Je fuis, &c.

A Paris ce 25. May 1664.

MEMOIRE

MEMOIRE

Presenté au Roy le 26. Fevrier 1662. par les
Pairs de France, touchant leur droit d'opiner
immediatement aprés le Roy & les Princes du
Sang aux Lits de Justice.

LORSQUE les Rois ont tenu leurs Lits de Justice au Parlement, il est constant que les Pairs y ont toûjours opiné les premiers aprés les Princes du Sang, & avant tous les Officiers du Parlement. Et ce n'a esté qu'en 1610. que le Chancelier de Sillery au Lit de Justice du feu Roy Loüis XIII. aprés la mort de Henry IV. *introduisit un ordre non encore usité*, ce sont les propres termes du Garde des Sceaux de Marillac, en prenant les avis des Presidens au Mortier, avant que de le demander aux Princes du Sang & aux Pairs.

Mais six ans aprés, sçavoir au Lit de Justice tenu en 1616. l'ancien ordre fut rétabli, le Garde des Sceaux du Vair ayant pris l'avis des Pairs Laïcs & Ecclesiastiques avant celuy des Presidens.

En 1621. le Registre du Parlement porte que les Pairs opinerent aussi les premiers.

En 1633. le Garde des Sceaux fit observer le même ordre à l'avantage des Pairs.

Au Lit de Justice de Vôtre Majesté tenu en 1643. pour la Regence aprés la mort du feu Roy, tous les Pairs opinerent tout haut avant les Presidens.

Il s'en pourroit encore trouver d'autres exemples, si l'on avoit eu le temps de les rechercher; de sorte que ceux qu'on peut alleguer au contraire, ne sçauroient pas détruire un droit si constamment établi depuis tant de siecles, & qui est fondé sur l'institution même du Parlement, qui est la *Cour des Pairs*, & duquel tous les Officiers ne sont appellez par de celebres Auteurs François, que les *Assesseurs*.

Que si les Presidens au Mortier ont l'avantage d'opiner les premiers dans les Assemblées ordinaires, c'est parce qu'ils ne font tous qu'un Chef qui y preside & qui represente la personne du Roy absent : mais quand Sa Majesté y est presente, alors ils ne peuvent plus prétendre de le repre-

B

fenter & de prefider, ni par confequent d'avoir les mêmes honneurs.
Et c'eft alors que paroît vifiblement la difference entre les Pairs & eux,
puifqu'ils font placez en bas avec tout le refte du Parlement, & qu'ils
y parlent premierement le genoüil en terre, puis debout & découverts;
au lieu que les Pairs font aux hauts fieges à côté du Roy, & enfuite
des Princes du Sang, & que le Roy leur fait l'honneur de les faire
parler affis & couverts : Ce qui, joint à plufieurs autres raifons tres-
confiderables, leur fait efperer que Vôtre Majefté aura la bonté d'ordonner qu'ils opineront toûjours immediatement aprés les Princes du
Sang, fans qu'un ordre fi jufte & fi legitime puiffe eftre jamais troublé
à l'avenir.

SECOND MEMOIRE
DES PAIRS DE FRANCE.
AU ROY.

S IRE,

Les Pairs de France fupplient tres-humblement Vôtre Majefté de confiderer que la nouvelle prétention qu'ont formée depuis quelque temps les Prefidens au Mortier, d'opiner avant eux aux Lits de Juftice, ne peut avoir que deux fondemens; l'un eft la préfeance qu'ils ont fur les Pairs dans les Affemblées ordinaires du Parlement; & l'autre, la poffef-fion où ils prétendent eftre depuis 1610. d'opiner avant eux aux Lits de Juftice.

Mais il eft facile de faire connoître à V. M. la foibleffe de ces deux raifons, s'il luy plaift de remarquer touchant la premiere, que la con-fequence que l'on en tireroit contre nous dans les feances des Lits de Juftice, ne feroit pas moins defavantageufe à Meffieurs les Princes du Sang, & à Monfeigneur le Dauphin même; puifque les Prefidens au Mor-tier ont la préfeance fur eux auffi-bien que fur les autres Pairs, dans les Affemblées ordinaires du Parlement: Parce que les Prefidens au Mortier prétendant ne faire tous enfemble qu'un feul Corps qui reprefente le Roy lorfqu'il eft abfent; ce n'eft qu'en cette qualité qu'ils prefident, & qu'ils opinent en un rang plus honorable que nous. Mais quand V. M. y eft prefente en perfonne, alors ils ceffent de la reprefenter & de pré-fider; & c'eft Elle-même qui les préfide auffi-bien que le refte de l'Affem-blée, eftant accompagnée de fes Pairs, qui font fes premiers Confeillers, & les principaux membres du Corps politique, dont Elle eft le Chef, & qui n'en peuvent jamais eftre feparez par qui que ce foit. Et c'eft ce qui eft vifiblement marqué par l'ordre de la Seance aux Lits de Juftice, où les Rois ont voulu que les Pairs fuffent placez à leurs côtez aux hauts fieges, & qu'ils y parlaffent en leur prefence affis & couverts; au lieu que les Prefidens au Mortier font aux bas fieges avec le Parlement, & qu'ils n'y parlent que debout & découverts.

L'on ne peut donc, SIRE, faire opiner les Prefidens entre les Princes du Sang & les Paits, & les Pairs entre les Prefidens & le refte du Parlement, fans troubler l'ordre des Seances, qui en toutes fortes d'Affemblées regle toûjours celui d'opiner, ainfi que tous les autres honneurs ; ni fans feparer par un renverfement inoüi, & le Roy d'avec fes Pairs, & les Prefidens d'avec le refte du Parlement.

Quant à la pretenduë poffeffion dont ils fe veulent prévaloir, elle eft, SIRE, fi nouvelle, fi abufive, & s'eft trouvée fi fouvent interrompuë, qu'elle ne leur peut acquerir aucun droit legitime, contre le droit ancien & inviolable des Pairs, qui n'a jamais efté contefté durant tant de fiecles, & qui nonobftant toutes les atteintes qu'on s'eft efforcé de luy donner dans les commencemens du regne du feu Roy en quelques Lits de Juftice, y a toûjours efté maintenu en plufieurs autres, jufqu'à celuy de Vôtre Majefté.

Car il eft conftant, SIRE, que depuis l'établiffement du Parlement en l'état qu'il eft, lequel eft bien pofterieur à celui des Pairs, il ne fe trouve pas un feul exemple où les Prefidens au Mortier, lors même qu'il n'y en avoit que deux ou trois, ayent jamais eu la penfée d'opiner avant les Pairs. Mais l'on voit au contraire par les Regiftres du Parlement dans tous les Lits de Juftice, où la circonftance de recüeillir les voix a efté marquée, que les Pairs y ont toûjours opiné les premiers, comme au Lit de Juftice de François I. en 1536. de Henry II. en 1549. de Charles IX. en 1563. de Henry III. en 1581. & en 1583. de Henry IV. en 1597. & ainfi de tous les autres jufques au Regne de Loüis XIII. en 1610. où M. le Garde des Seaux de Marillac en fon Traité des Chanceliers, rapporte que M. le Chancelier de Sillery *introduifit un ordre non encore ufité*, (ce font fes propres termes) en prenant l'avis des Prefidens avant celui des Princes du Sang & des Ducs & Pairs : Ce qui apparamment ne fe fit alors que pour favorifer les Prefidens dans la fâcheufe conjonĉture de la mort de Henry IV. & de la Minorité de Loüis XIII. où l'on croyoit avoir befoin du Parlement. Et en effet, l'on voit que fix ans aprés dans la Relation du Lit de Juftice en 1616. le Roy eftant Majeur, l'ordre ancien fut rétabli par M. le Garde des Seaux du Vair, qui prit l'avis des Pairs avant celuy des Prefidens : quoique dans les Regiftres du Parlement qui parlent de cette Seance, l'on ait tâché d'embroüiller la chofe, en difant qu'on prit l'avis de la Reine & de *Tous*. Ce qui eft une circonftance fur laquelle nous fupplions tres-humblement V. M. de faire reflexion, pour juger s'il n'y a pas lieu de foupçonner ces Regiftres, qui fe dreffent avec la participation des Prefidens, de les avoir auffi favorifez en d'autres rencontres de cette nature.

En effet, SIRE, on voit par les Regiftres de Meffieurs Saintot, qui par le devoir de leurs charges, eftant obligez de remarquer exaĉtement toutes ces chofes, font les plus fideles témoins de ce qui s'y paffe, que dans le Lits de Juftice des 18. Mars 1622. & 15. Janvier 1629. les Regiftres du Parlement rapportent l'ordre felon lequel on y opina, à l'avantage des
Prefidens,

Préfidens , & autrement qu'il ſe pratiqua en cette rencontre. Car dans la Relation de Meſſieurs Saintot, où il eſt parlé de ce Lit de Juſtice du 18. Mars 1622. il eſt écrit à la marge : (Nota, qu'au Procés Verbal enregiſ- " tré au Parlement en Juin 1622. de ce qui ſe paſſa à ce Lit de Juſtice, où " les opinions furent reçûës par M. le Chancelier de Sillery, l'ordre a eſté " *perverti & tranſpoſé* par le Commis du Greffe qui l'a dreſſé, pour ne pas " interrompre la poſſeſſion des Préfidens, d'opiner immédiatement aprés " le Roy, où il eſt porté que l'on prit leurs avis avant celuy de Meſſieurs " les Princes de Condé & de Soiſſons , & des Ducs & Pairs, *cela ſe trou-* " *vant faux.* Car il monta au Roy, puis prit l'avis des Cardinaux, & aprés " celuy des Princes & Ducs & Pairs & Maréchaux de France, & deſcendit " pour prendre celuy des Préfidens.) Ce ſont les propres paroles écrites " à la marge de la Relation de Meſſieurs Saintot.

Et dans le Lit de Juſtice du 15. Janvier 1629. l'on voit auſſi par ces mê- mes Memoires de Meſſieurs Saintot le contraire de ce qui eſt porté dans les Regiſtres du Parlement ſur ce ſujet ; ſçavoir, que M. le Garde des " Seaux du Vair, ayant reçû la volonté du Roy, prit l'avis des Cardinaux " & des Ducs & Pairs & Maréchaux de France qui eſtoient aprés eux, & " & deſcendit aux Préfidens, leſquels ayant eſté d'avis de faire quelque " remonſtrance ſur l'Edit, M. le Garde des Seaux retourna encore aux " opinions dans le même ordre ; de ſorte qu'en ce ſeul Lit de Juſtice les " Pairs opinerent deux fois avant les Préfidens.

Cependant, SIRE, nonobſtant le peu d'exactitude des Regiſtres du Parlement en ce qui regarde cette circonſtance, ainſi qu'il ſe void par ces trois exemples, on ne laiſſe pas de trouver par l'extrait que nous en avons fait tirer fidelement, que depuis cette premiere uſurpation des Préfidens en 1610. qui a eſté ſuivie en quelques Lits de Juſtice, nôtre droit d'opiner avant eux a eſté maintenu en pluſieurs autres, comme en 1621. 1633. 1634. 1635. 1641. & en 1643. qui eſt le premier Lit de Juſtice qu'ait tenu V. M. auquel il eſt remarqué qu'immédiatement aprés les Princes du Sang les Pairs opinerent tout haut avant les Préfidens ; comme pour montrer par avance dés le commencement de ſon Regne l'ordre & le reglement qu'Elle y feroit obſerver à l'avenir.

Que ſi aprés un droit ſi ancien, ſi bien fondé, & qui s'eſt ſi conſtam- ment maintenu depuis tant de ſiecles juſqu'au Regne de V. M. Elle daigne faire reflexion ſur la dignité & les prerogatives des Pairs de France, qui par leur inſtitution forment la premiere Cour Souveraine de vôtre Royau- me, qui ſont les premiers de l'Etat avant même qu'il y eût des Offices de Préfidens, qui ont toûjours eſté nommez, pris ſeance, & opiné avant eux, & de qui le Parlement a tiré le titre le plus glorieux qu'il porte d'eſtre la Cour des Pairs, ce qui ſeul luy donne l'avantage de connoître des affai- res importantes qu'il plaît aux Rois luy communiquer, & le met au deſſus de tous les autres Parlemens de France : Nous ne doutons nullement que V. M. ne faſſe beaucoup de difference entre des Charges de Robe qui ſont venales, & les premieres Dignitez de l'Etat qui ſont perpetuelles dans nos

Eglifes, & hereditaires dans nos Maifons par la grace de V. M. ou des Rois vos predeceffeurs.

Auffi eft-ce prefentement, SIRE, de la bonté de V. M. que les Pairs en attendent la confervation en cette rencontre, où ils la fupplient tres-humblement de trouver bon qu'ils luy reprefentent encore avec tout le refpect qui leur eft poffible, qu'il y va même de fon intereft, que ceux dont Elle fe fait accompagner au Parlement, & qu'Elle fait feoir à fes côtez, comme fes premiers Confeillers, y joüiffent auffi de l'honneur d'y opiner les premiers, ainfi qu'il s'eft toûjours pratiqué, puifqu'autrement il fembleroit que fa prefence Royale auroit moins d'autorité & de puiffance dans fon Lit de Juftice, que par tout ailleurs où Elle les diftingue fi avantageufement des autres.

Ainfi nous efperons, SIRE, que V. M. qui fait toutes chofes par Elle-même, & par la feule vûë de l'équité & de la juftice, ne s'arrêtant pas aux confiderations particulieres qui ont porté les Miniftres à en ufer autrement en quelques rencontres fous le Regne du feu Roy, & le bas âge de V. M. ne confiderera maintenant que la juftice du droit ancien des Pairs de vôtre Royaume, & qu'Elle aura la bonté de l'affermir pour toûjours par un Reglement autentique, qui le mette en état de ne pouvoir plus jamais eftre contefté.

Prefenté au Roy par les Pairs le *Janvier 1664. & figné par ceux qui fe font trouvez à Paris.*

L'Evêque & Duc de Laon.	Le Duc de Saint-Simon.
L'Evêque & Duc de Langres.	Le Duc d'Eftrées.
L'Evêque & Comte de Noyon.	Le Duc de Grammont.
Le Duc de Guyfe.	Le Duc de Villeroy.
Le Duc d'Uzez.	Le Duc de Mortemar.
Le Duc d'Elbeuf.	Le Duc de Crequy.
Le Duc de Sully.	Le Duc de S. Aignan.
Le Duc de Luynes.	Le Duc de Randan.
Le Duc de l'Efdiguieres.	Le Duc de Trefmes.
Le Duc de Briffac.	Le Duc de Noailles.
Le Duc de Richelieu.	

PREMIER MEMOIRE
DES
PRESIDENS AU MORTIER;
Intitulé :

MEMOIRE de ce qui s'est observé dans les Lits de Justice & Seances des Rois au Parlement, à l'égard de l'opinion des Ducs & Pairs, extrait des Registres du Parlement.

IL est vrai que de tout temps les Pairs ont eu leur entrée, seance & voix délibérative dans le Parlement, & même y avoient anciennement presque toute l'autorité : & comme ils estoient de tres-grands Seigneurs, & par leurs naissances, & par les Etats qu'ils possedoient, ils se donnoient une telle puissance dans le Parlement, qu'ils estoient Maîtres absolus de la Justice, principalement en ce qui les regardoit.

Ils vinrent jusques à ce point, que d'établir comme une regle, & une maxime d'Etat, que les seuls Pairs pouvoient juger des causes des Pairs, & que le Roy même n'en pouvoit être Juge, mais bien davantage, ils prétendoient qu'il n'y avoit que les Pairs seuls qui pûssent donner une assignation valable en jugement à un Pair de France, & qu'aucun Sergent Royal ni autre Officier du Roy n'avoit droit de lefaire, ni de prendre aucune connoissance de ce qui les concerne.

Par ces entreprises ils établissoient insensiblement dans la Monarchie une Aristocratie indépendante de la Royauté, & s'élevoient au dessus du Roy même.

C'est ce qui obligea les Rois de changer avec grande prudence la forme ancienne de ce Parlement, sans en diminuer ni le pouvoir ni la dignité, en le rendant sedentaire, & y établissant des Officiers qui dépendissent entierement des Rois, & qui recevant leurs charges & toute leur autorité de la main du Roy, n'eussent point d'autre vûe que de conserver & relever l'autorité Royale.

Et ce Parlement, que quelques-uns appelloient improprement la Cour des Pairs, à cause de la puissance qu'ils y avoient lors, a repris depuis cet établissement, des Officiers du Roy, son ancien & veritable nom qui est de la Cour de France & de la Cour du Roy, comme il est porté par les Lettres de la confirmation du Roy Charles V. octroyées aux Prefidens & Confeillers y dénommez pour tenir ledit Parlement, du 28. Avril 1364. Ce qui fe voit encore par le Teftament de Jean de Popaincourt du 15. May 1403. enregiftré dans le Parlement, par lequel il prend qualité de Premier Prefident pour le Roy en fon Parlement de Paris.

Il eft vrai que les Pairs ont entrée & Seance dans le Parlement, pour y avoir leur voix déliberative comme Confeillers, mais non pour y prefider; ne pouvant en aucun cas depuis ce changement fi utile & fi neceffaire, y avoir ce droit: Les Rois ayant pour cet effet établi des Prefidens pour cette Compagnie, pour y tenir toûjours un rang & fonction fuperieurs aux Pairs, toutes les fois que cette Compagnie feroit affemblée pour quelque matiere que ce foit.

C'eft par ce moyen que l'autorité des Pairs a efté réduite dans les bornes legitimes, pour ce qui regarde le Parlement, & celle du Roy établie entierement au deffus d'eux, non feulement en la perfonne de Sa Majefté, mais encore en celle de fes Officiers.

Ainfi les Pairs qui font à prefent, n'ont pas fujet de fe plaindre, de ce qu'ils trouvent les Prefidens en poffeffion de les preceder dans l'affemblée du Parlement, puifque les Prefidens n'y ont efté établis que pour y preceder ces anciens & veritables Pairs que ceux-cy reprefentent.

La fuite du temps a montré combien cet établiffement eftoit utile & neceffaire pour réprimer cette puiffance des Pairs, qui alloit au delà de tout ce qui fe peut fupporter dans un Etat Monarchique.

Et même depuis que le Parlement a reçû cette forme, & qu'il a efté fedentaire; Il a efté bien neceffaire que les Officiers du Roy, qui font les Prefidens & Confeillers, s'oppofaffent en plufieurs occafions aux entreprifes des Pairs, qui vouloient toûjours s'arroger dans le Parlement la même autorité qu'ils y avoient ufurpée dans les premiers temps, aux dépens même de l'autorité Royale.

A peine une longue fuite de temps, & un continuel exercice des Officiers du Roy ont pû reduire les chofes dans l'état qu'elles ont efté depuis deux fiecles; & les Ducs & Pairs faifoient toûjours ce qu'ils pouvoient dans ces commencemens pour diminuer l'autorité du Roy & de fes Officiers dans le Parlement.

On voit même par les Regiftres que les Pairs appellez au jugement de Jean de Montfort Duc de Bretagne, foûtinrent qu'à eux feuls en appartenoit le jugement, & que le Roy Charles V. n'en pouvoit pas eftre le Juge.

La chofe alla encore plus loin au procés du Roy de Navarre en 1386. où le Duc de Bourgogne, comme Doyen des Pairs, & portant la parole pour eux, eut la hardieffe de foûtenir en face de Charles VI. Qu'à eux feuls appartenoit la connoiffance la décifion de toute cette affaire, & que le Roy n'en pouvoit pas connoître: Et enfin ces Pairs obligerent le Roy de leur donner Lettres, qu'en affiftant au procés, il ne prétendoit

point

point acquerir aucun droit de juger les Pairs, ny diminuer les droits & prérogatives des Pairs pour raison de ce, & ils dirent hautement en plein Parlement, & en presence du Roy, que si on ne leur accordoit ces Lettres ils se retireroient.

Les Rois n'ont pas trouvé de meilleur moyen pour reprimer l'excés de cette puissance, qu'en relevant celle des Officiers du Parlement, & les mettant au dessus des Pairs, en tout ce qui concerne la fonction de leurs charges, & les assemblées du Parlement.

C'est pour ce sujet que les Rois ont donné les marques mêmes de la Royauté aux Presidens, qui ont particulierement l'honneur de representer leurs personnes en tout ce qui regarde leurs fonctions; car l'habit qu'ils portent encore à present, est l'ancien habit des Rois.

En quoi il est extrémement à considerer qu'ils portent cet habit, non seulement dans les Audiances où ils representent la personne du Roy, mais encore toutes les fois que le Roy est present, pour monstrer que leur dignité & leur rang ne diminuë point en presence du Roy.

Car si ce que les Ducs & Pairs disent (que le Roy étant present n'est representé par personne, & qu'ainsi les Presidens perdent en sa presence ce rang & prérogative, que la seule representation leur donne) avoit lieu, il s'ensuivroit que les Presidens ne devroient pas porter cet habit en presence du Roy, & puis qu'ils le portent ils doivent aussi conserver le même rang qu'ils ont quand le Roy n'y est pas present.

Le droit des Presidens étant ainsi établi, leur possession ne l'est pas moins.

Les Seances dans le Parlement, le Roy y étant, ont été long-temps fort differentes, & sans aucune forme certaine, quelquefois les Presidens & les Conseillers ont été assis aux hauts sieges du côté du Roy, ainsi qu'il se voit en la Seance de Loüis XII. en son Parlement le 16. Decembre 1504. & même les sieurs Presidens ont été assis devant Messieurs les Ducs d'Alençon & de Vendosme Pairs, ainsi qu'il se voit dans les trois Seances de François Premier des dernier Juin 1523. & 8. & 9. Mars ensuivans.

Et remontant encore plus haut, l'on remarque dans les Registres du Parlement, que le 27. Fevrier 1376. l'Arrest donné contre le Comte de Savoye, le Dauphin de Viennois, & le Marquis de Saluces, fut prononcé en presence du Roy, & des Ducs de Berry, de Bourbon, & Comte d'Eu, par l'un des Presidens.

Il n'y a gueres plus de cent ans que les Seances ont commencé à se regler, encore étoient-elles fort rares en ce temps-là, & on y remarque beaucoup de diversitez : aussi lors il n'y avoit que des Princes du Sang qui fussent Pairs de France, & le Connestable de Montmorency fut le premier Gentilhomme, qui avec beaucoup de peines obtint cette dignité en 1551.

Mais depuis cinquante ou soixante ans, comme elles ont été plus frequentes, & en plus grand nombre qu'elles n'avoient été, depuis que le

D

Parlement eſt ſedentaire, auſſi on y a obſervé l'ordre beaucoup plus exactement que l'on n'avoit fait auparavant.

On compte trente-trois Seances des Rois au Parlement depuis l'année 1597. & on auroit peine d'en trouver autant dans tout le reſte des Regiſtres, quand même on les chercheroit dés l'établiſſement du Parlement.

De ces trente-trois Seances il y en a vingt-huit, dans leſquelles l'ordre des opinions, & la prerogative à l'égard des Ducs & Pairs, a été conſervé à l'égard des Preſidens.

C'eſt-à-dire, que l'ordre n'a été interrompu que cinq fois, encore ne faut-il pas compter la premiere qui fut en 1621. Car il eſt vray qu'en cette Seance M. le Chancelier de Sillery alla demander les avis aux Ducs & Pairs, immediatement aprés avoir parlé au Roy, & avant que de deſcendre pour prendre ceux des Preſidens. Mais les Preſidens s'étant plaints à luy de cette nouveauté, il s'excuſa ſur la goutte qui ne lui permettoit pas de deſcendre, & remonter pluſieurs fois, laquelle indiſpoſition, qui lui duroit il y avoit fort long-temps, ſe juſtifie tant par le Regiſtre de ladite Seance, qui porte que l'un de ſes domeſtiques lui aida à monter à cauſe de ſon indiſpoſition, & le ſoûtenoit lorſqu'il parloit au Roy, que par celuy du 20. Mars 1620. de la Relation qui avoit été faite par les Députez de la Cour, qui porte que ledit ſieur Chancelier répondant pour le Roy à leurs Remonſtrances, s'étoit aſſis par la permiſſion du Roy à cauſe de ſon indiſpoſition; auſſi cela fut incontinent reparé, & les Preſidens furent rétablis en leur poſſeſſion dans les Seances ſuivantes, dont la premiere fut le 18. Mars 1622. Et pour les quatre autres qui ſont en 1633. 1634. 1635. & 1646. cette interruption ne vint pas des Ducs & Pairs; mais par une faveur & une conſideration particuliere qui ne ſe trouve plus preſentement.

C'étoit celle de défunt M. le Cardinal de Richelieu, qui ayant la penſée de ne ceder en rien aux Princes du Sang, voulut introduire en 1632. une nouveauté contraire à l'ordre de cette Ceremonie; qui fut que M. le Garde des Sceaux de Chaſteauneuf, montant vers le Roy la premiere fois, aprés que l'Avocat du Roy eut pris ſes concluſions: Le Cardinal s'avança ſous le dais du Roy, & les Princes du Sang s'avancerent à même temps de leur côté, comme pour opiner tous enſemble avec le Roy; quoique ce ne ſoit point en ce temps-là que le Roi dit ſa volonté ſur l'affaire: M. le Chancelier ou M. le Garde des Sceaux n'y allant lors, que pour ſçavoir ſi Sa Majeſté a agreable qu'il aille prendre les avis de toute la Compagnie, parce que, où le Roy eſt, on n'opine que lorſque Sa Majeſté en a donné l'ordre, & le Roy même ne dit jamais ſon ſentiment d'abord, parce qu'on ne peut, & on ne doit pas déliberer en ſa preſence, qu'aprés qu'il a fait entendre ſa volonté.

Auſſi le Roy ne dit ſon avis que quand M. le Chancelier aprés avoir recueilli les ſuffrages de la Compagnie en va rendre compte au Roy, vers lequel il remonte pour la ſeconde fois.

Ainſi c'étoit confondre l'ordre de pretendre que le Roy opinât d'abord, pour trouver moyen de diſtinguer les Cardinaux, & dire que les Princes du Sang, & les Cardinaux opinent enſemble avec le Roy ; & M. le Garde des Sceaux ſe porta d'autant plutôt à faciliter cette nouveauté, que dans l'acte de cette même Seance, il en voulut introduire un autre en ſon particulier, en ce qu'il pretendit que lorſqu'il arriveroit dans la Chambre du Parlement, les Preſidens ſe devoient lever, ce qui fut par eux refuſé; & neanmoins cette nouveauté dans les opinions dont ſe plaignoient les Preſidens, étoit ſur le ſujet des Princes, & Cardinaux ſeulement : car à l'égard des Ducs & Pairs, il eſt certain que dans cette même Seance, M. le Garde des Sceaux prit l'avis des Preſidens avant les Ducs ſuivant l'ordre accoûtumé, & leur ancienne poſſeſſion.

M. le Cardinal de Richelieu indigné de cette plainte, fit enſorte que les autres fois que le Roy eſt venu au Parlement pendant ſon Miniſtere, c'eſt-à-dire quatre fois, ſçavoir en 1633. 1634. 1635. & 1641. non ſeulement il continua à dire ſon avis avec le Roy, mais encore que l'on ôtât aux Preſidens la poſſeſſion dont ils avoient joüi ſi long-temps, en faiſant opiner les Ducs & Pairs les premiers.

Ce qui picqua encore plus M. le Cardinal de Richelieu dans cette occaſion, fut qu'il voulut croiſer les Preſidens en paſſant dans le Parquet, avant que le Roy fuſt arrivé, quoy qu'il n'y ait que les Princes du Sang qui en uſent de la ſorte : & le Premier Preſident s'y étant oppoſé, la Compagnie obligea M. le Cardinal de Richelieu de prendre le chemin ordinaire par la lanterne pour aller à ſa place; & même qu'en l'an 1633. y ayant lors fort peu de temps qu'il avoit fait ériger ſa terre de Richelieu en Duché & Pairie, il étoit bien aiſe d'introduire cette nouveauté en ſa faveur & de ſes ſucceſſeurs Ducs de Richelieu. Ainſi tout ce qui a été fait auſdites quatre Seances ne peut être tiré à conſequence contre les Preſidens, auſquels la poſſeſſion a été renduë, auſſi-tôt que le Roi eſt venu à la Couronne, & ils l'ont toûjours conſervée depuis, en toutes les Seances qui ont été tenuës ſoit en ſon lit de Juſtice ou autrement, qui ſont au nombre de ſeize, dont il y en a douze depuis la Majorité du Roy, & onze durant la Majorité du Roy Loüis XIII.

Cet uſage a été ſi bien obſervé, que même lorſqu'il a plû au Roy tenir ſon lit de Juſtice au Louvre le 22. Octobre 1652. on en a uſé de la même maniere.

Enfin il a plû au Roy de prononcer luy-même la proviſion en faveur des Preſidens, lors du dernier lit de Juſtice, qui fut le 27. Fevrier 1662.

Et ce droit peut-être moins conteſté aux Preſidens du Parlement de Paris, qui eſt le premier Parlement & la premiere Compagnie du Royaume, que dans les autres Parlemens on en a uſé ainſi; & le Roy Loüis XIII. ſix ans aprés ſa Majorité ſeant une fois au Parlement de Roüen le 11. Juillet 1620. & une autrefois au Parlement de Bordeaux le 28. Septembre enſuivant, les Preſidens opinerent avant les Ducs.

On ne ſçait pas quelles ſont les raiſons des Ducs & Pairs contre un droit fi legitime & une fi longue poffeffion ; mais comme ils en parlent, ils traitent cette affaire toute d'une autre maniere qu'elle n'eft en effet, car en cela il n'eft queftion ny de rang, ny de pas, ny de préeminence, ny de la dignité de Duc & Pair en general.

Il eft queftion feulement de fçavoir fi quand le Roy eft prefent, ils peuvent ôter aux Prefidens l'honneur & l'avantage qu'ils confervent toûjours dans le Parlement où ils font les premiers Officiers du Roy.

Quand même les Ducs & Pairs feroient encore au même etat qu'étoient les veritables Ducs de Bourgogne, d'Aquitaine & de Normandie ; quoique par la Declaration du Roy du 3. Avril 1582. verifiée en la Cour le 9. Avril audit an, l'on ait fait diftinction de ceux créez depuis le regne de Henry II. d'avec ceux créez auparavant, la caufe des Prefidens feroit toute auffi bonne qu'elle eft ; parce que ce n'eft pas d'eux-mêmes qu'ils tiennent cette prerogative, mais c'eft du Roy, qu'ils ont l'honneur de reprefenter tous les jours dans le même lieu & dans cette propre fonction.

C'eft la difference qu'il y a entre les dignitez hereditaires qui fubfiftent d'elles-mêmes, qui paffent dans les familles, & qui ne reprefentent que ce qu'elles font en effet ; comme les Duchez & Pairies, aufquelles on peut dire en quelque façon que le Roy n'a point de part que lorfqu'il les donne, & les charges des Officiers qui prennent leur force, leur fonction, leur appuy & toute leur fubfiftance de l'autorité royale, & qui ne font rien que fous le nom du Roy.

Car à proprement parler ces charges font plus au Roy, qu'à ceux qui les exercent ; & l'autorité de fes Officiers ne peut être diminuée ny augmentée, que cette diminution ou augmentation ne regarde entierement l'autorité Royale.

Auffi on a fouvent vû que dans les temps fâcheux & déreglez, les grands Seigneurs du Royaume ont voulu s'élever au deffus des Officiers du Roy, même en ce qui concerne la fonction de leurs charges ; croyant que diminuant l'autorité royale qui eft entre les mains des Officiers, ils augmentoient leur propre puiffance.

Mais l'on n'a jamais vû, ny oüi dire, que dans un Etat auffi heureux, & auffi affermi que celui dont nous joüiffons prefentement, où le nom du Roy eft en veneration à tout le Monde, le pouvoir & les avantages ordinaires de fes Officiers, principalement en ce qui regarde leurs fonctions, & dans leur propre Tribunal puiffe recevoir de la diminution.

Car il eft bien certain que les Prefidens ne peuvent perdre dans le Palais même ce droit & cette poffeffion fi bien établie, fans que le Parlement fouffre une depreffion dans cette autorité que le Roy lui a donnée, & qu'il doit d'autant plus foûtenir qu'il n'eft établi que pour la conferver.

Et pour ce qui regarde les Ducs & Pairs, la continuation de cette poffeffion ne les bleffe en aucune maniere, cela n'apporte aucun préjudice à leurs veritables prérogatives, & ils n'ont pas plus de fujet de fe plaindre, si ils sont précedez par les Presidens dans un Lit de Justice qui se tient au Parlement, qu'ils en ont de ce que les Marêchaux de France, qui ont un rang moindre que le leur, leur commandent dans les armées.

On pourroit peut-être dire, que le rang que tiennent les Presidens dans toutes les autres fonctions où ils précedent les Ducs & Pairs, vient de ce qu'ils ont l'honneur de representer le Roy; ce qui n'a pas lieu dans les Lits de Justice, où le Roy étant present, n'est representé par personne. Mais au contraire il est bien important pour l'autorité du Roy, que même en sa presence il y ait outre sa Personne sacrée, toûjours quelque chose de la Royauté interposée entre luy & ce qui est de plus grand après luy dans l'Etat : En sorte qu'il ne soit pas seulement élevé au dessus de tous ses sujets, mais aussi, que son ombre (s'il faut ainsi dire) & sa representation qui reside toûjours en cette Compagnie, fasse une difference entre Sa Majesté, & tout le reste de ses Sujets, quelque élevation qu'ils puissent avoir d'ailleurs.

Et de plus, les Officiers du Roy & sa premiere Compagnie ne doivent jamais perdre leur rang, ni diminuer de consideration en sa presence; puisqu'au contraire c'est de sa propre personne qu'ils tiennent tout leur rang & leur consideration.

Et d'ailleurs, l'exemple des Marêchaux de France qui commandent aux Ducs & Pairs dans les armées, répond encore à cette objection: Car ce commandement & cette prérogative leur est conservée, quand le Roy est present à l'armée, aussi-bien que lorsqu'il ne s'y trouve pas.

Les Ducs & Pairs ne peuvent pas aussi tirer consequence de l'ordre de leur Seance, en ce qu'ils sont assis aux hauts sieges; car cela ne tire point à consequence pour l'ordre des opinions; puisque M. le Chancelier qui preside à cette ceremonie est assis au bas aussi-bien que les Presidens, lesquels mêmes se sont trouvez quelquefois aux hauts sieges, ainsi qu'il est remarqué cy-dessus.

Mais ou les Ducs & Pairs font partie du Parlement en ces Lits de Justice, ou ils font un corps separé: S'ils en font partie, ils ne peuvent prétendre de préceder les Presidens, n'y ayant jamais personne dans un Corps, qui précede ceux qui y president dans l'action même où ils font partie de ce Corps. Aussi les Ducs & Pairs prêtent en termes exprès le serment de Conseiller en Cour Souveraine, c'est-à-dire, au Parlement; & ce seroit une contradiction manifeste, qu'un Conseiller d'une Compagnie précedât ceux qui y president.

Que s'ils font un Corps separé, ils ne peuvent en aucune maniere préceder le Corps du Parlement, qui est le premier de tous les Corps de l'Etat, qui n'est jamais précedé de personne, qui est même superieur aux Etats generaux, lorsqu'ils sont assemblez, & qui ne peut jamais être separé du Roy par qui que ce soit, comme l'on voit aux Processions generales, aux Obseques des Rois, & à toutes les grandes ceremonies. C'est pourquoi le Parlement ne fait point partie des Etats generaux, & n'est d'aucun des trois Corps qui les composent, parce qu'il

E

eſt ſeparé de tout le reſte des ſujets du Roy, qui forment leurs Corps d'eux-mêmes : Le Parlement au contraire eſt immediatement attaché à la Royauté, ſans laquelle il ne compoſe aucun Corps ni Communauté.

Enfin il n'y a perſonne plus intereſſé à conſerver cette prééminence du Parlement ſur tout le reſte de l'Etat, que le Roy même ; parce que le rang, le pouvoir & l'autorité du Parlement appartient au Roy, & n'eſt autre choſe que le pouvoir & autorité Royale ; puiſque le Parlement n'a rien de luy-même indépendamment de la Royauté, & que toute ſa force eſt en ce qu'il repreſente le Roy, & exerce ſon autorité ; en ſorte que le Roy conſervant les prérogatives du Parlement, conſerve auſſi les ſiennes propres. Il n'en eſt pas de même des Ducs & Pairs, & autres Grands du Royaume, leſquels quoique dépendans toûjours du Roy comme le reſte de tous ſes ſujets, ne laiſſent pas de prétendre d'avoir leur établiſſement & leur rang attaché à leur naiſſance, & à des dignitez hereditaires, & non point ſeulement comme Officiers du Roy, & exerçant l'autorité Royale.

Le 15. May 1610.

C'eſt ſans ſujet que les Ducs & Pairs ont voulu dire, que les Regiſtres ne peuvent être tirez à conſequence contre eux, parce que le Parlement en étant le maiſtre, il n'y met que ce qui eſt à ſon avantage ; car outre que jamais perſonne n'a douté de la fidelité de ce dépôt public, tout ce qui fait pour les Ducs y eſt inſeré, auſſi bien que ce qui leur eſt contraire. Mais de plus ce n'eſt ni le Premier Preſident, ni les autres Preſidens qui ſignent les Re-

La Cour ſéant aux Auguſtins, le Roy Loüis XIII. ſéant en ſon Parlement, Monſieur le Chancelier a monté au Roy, reçû ſa volonté, puis deſcendu, pris l'avis de Meſſieurs les Preſidens ; & remonté, pris celuy des Princes, Ducs & Pairs.

Le 2. Octobre 1614.

Le Roy Loüis XIII. ſéant, Monſieur le Chancelier a monté au Roy, pris ſa volonté, par aprés redeſcendu, pris l'avis de Meſſieurs les Preſidens, remonté, celuy de la Reine, Princes, Ducs & Pairs, & Officiers de la Couronne, aprés des Cardinaux ; & deſcendu, des Maiſtres des Requeſtes & Conſeillers de la Cour : Et eſt à remarquer que dans cette Seance, les Ducs & Pairs tant Eccleſiaſtiques qu'autres, formerent diverſes conteſtations ; Sçavoir les Eccleſiaſtiques pour la préſeance contre Meſſieurs les Cardinaux non Pairs, & tous les Ducs & Pairs contre Monſieur le Chancelier, pour aller ſalüer le Roy & luy faire l'hommage avant Monſieur le Chancelier ; mais nulle conteſtation de la part deſdits Ducs & Pairs contre les Preſidens, pour la prérogative des opinions.

Le 7. Septembre 1616.

En a été uſé comme l'on avoit de coûtume, & les Preſidens y ſont nommez avant les Ducs & Pairs ; comme en tous les autres Lits de Juſtice, où ils ont opiné dans ce même rang.

Du 12. Mars 1619.

Monſieur le Chancelier a monté au Roy, pris ſa volonté, deſcendu, pris l'avis de Meſſieurs les Preſidens par aprés ; & remonté, celui des Cardinaux ; aprés, des

Princes *& Officiers de la Couronne; & dans le Parquet, de Messieurs les Maistres* *gistres des* *des Requestes & Conseillers.* *Seances du* *Roy au Par-* *ment, ce sont* *les Chance-* *liers.*

Du 18. Février 1620.

Monsieur le Garde des Sceaux est monté au Roy, pris sa volonté; descendu à Messieurs les Presidens, pris leur avis; & remonté, celuy des Princes & Car- *dinaux; redescendu, des Maistres des Requestes, Conseillers d'Etat, & Conseil-* *lers de la Cour.*

Du 4. Juillet 1620.

Messieurs les Presidens sont écrits avant Messieurs les Ducs d'Anjou, Princes de Condé, & Ducs de Guyse, de Vantadour, de Montbazon, & de Luynes, comme ils avoient été écrits au précedent Lit de Justice, auquel leur avis avoit été pris avant celuy des Princes, Ducs & Pairs.

Du 18. Mars 1622.

Monsieur le Chancelier a fait la reverence au Roy, pris sa volonté; & aprés, l'avis de Messieurs les Presidens; seroit remonté, & continué à recueillir les avis des Princes, des Cardinaux, Ducs & Pairs; puis redescendu, pris l'avis de Messieurs les Conseillers d'Etat, & Maistres des Requestes.

Du 6. Mars 1626.

Monsieur le Chancelier a monté au Roy, reçû sa volonté; descendu, pris l'avis de Messieurs les Presidens; aprés remonté, celuy des Cardinaux, Ducs & Pairs; puis redescendu dans le Parquet, & aussi pris l'avis de Messieurs les Con- *seillers d'Etat, Maistres des Requestes, & Conseillers d'icelle.*

Du 28. Juin 1627.

Monsieur le Garde des Sceaux a monté au Roy, reçû sa volonté; descendu, pris l'avis de Messieurs les Presidens; aprés remonté, celuy des Cardinaux, Ducs & Pairs; puis descendu dans le Parquet, & aussi pris l'avis de Messieurs les Con- *seillers d'Etat, Maistres des Requestes, & Conseillers d'icelle.*

Du 15. Janvier 1629.

Monsieur le Garde des Sceaux a monté au Roy, receu sa volonté; descendu, pris l'avis de Messieurs les Presidens; aprés remonté, celuy des Cardinaux, Ducs & Pairs; puis descendu dans le Parquet, a aussi pris l'avis des Conseillers d'Etat, Maistres des Requestes, & Conseillers d'icelle.

Du 13. Août 1631.

Monfieur le Garde des Sceaux a monté au Roy, receu fa volonté; defcendu, pris l'avis de Meffieurs les Prefidens; aprés remonté, celuy des Cardinaux, Ducs & Pairs; puis redefcendu dans le Parquet, a auffi pris l'avis de Meffieurs les Confeillers d'Etat & Maiftres des Requeftes & Confeillers d'icelle.

Du 12. Août 1632.

Dans cette Seance l'on voit que les Prefidens ont refufé à M. le Garde des Sceaux de fe lever, quand il entre dans la Chambre, comme étant la chofe feulement dûe à la perfonne de M. le Chancelier, & non point à M. le Garde des Sceaux.

Monfieur le Garde des Sceaux eft monté vers le Roy, receu fa volonté; auffi-tôt fe font approchez concurremment de fon Lit de Juftice, où il étoit affis fous fon Dais, Meffieurs les Princes du Sang, & Meffieurs les Cardinaux pour donner leur avis; & puis Monfieur le Garde des Sceaux ayant defcendu pour prendre l'avis de Meffieurs les Prefidens, Monfieur le Premier Prefident luy a reprefenté, que la forme qu'il tenoit étoit extraordinaire, & que l'ancien ordre étoit d'aller premierement recevoir la volonté du Roy feul, & de defcendre enfuite vers les Prefidens, afin de prendre leur avis avant de remonter, pour prendre celuy de Meffieurs les Princes du Sang, & celuy de Meffieurs les Cardinaux: Monfieur le Garde des Sceaux a répondu, que le Roy fait ce qu'il luy plaît; & Monfieur le Premier Prefident n'a répliqué autre chofe, finon qu'il ne reftoit plus rien à dire: De là Monfieur le Garde des Sceaux étant remonté, prit l'avis de Meffieurs les Ducs & Pairs; & aprés il eft defcendu dans le Parquet, où il a femblablement pris celuy des Confeillers d'Etat, des Maiftres des Requeftes, & des Confeillers du Parlement.

Du 18. May 1643.

On opina dans cette Seance de la même maniere que le Parlement opine, lorfqu'il eft au Confeil c'eft-à-dire, fans fe lever, & chacun étant en fa place, & lors c'eft l'avantage d'opiner les derniers, ainfi que firent les Prefidens, & ils le font toûjours au Parlement, quand on n'opine point debout, & à la maniere des Audiences.

Monfieur le Chancelier ayant monté au Roy, retourné en fa place ordinaire, demandé les avis, Monfieur le Duc d'Orleans eft d'avis de, &c. Le Prince de Conty eft de même avis, l'Evêque de Beauvais Pair de France, les autres Princes, Ducs & Pairs & Marêchaux de France de même avis: Monfieur le Chancelier demande l'avis de Meffieurs du Parlement, & ceux de Meffieurs du Confeil, qui étoient prefens, & enfuite, de Meffieurs les Prefidens les derniers.

Du 7. Septembre 1645.

Monfieur le Chancelier monta au Roy, receut fa volonté, prit l'avis de la Reine Regente, de Monfieur le Duc d'Orleans, Prince de Condé & Cardinaux; defcendit, prit l'avis de Meffieurs les Prefidens; aprés remonté, celuy des Ducs & Pairs, &c.

Le 15. Janvier 1648.

Monfieur le Chancelier monte au Roy, reçoit fa volonté, prend l'avis de la Reine Regente, de Monfieur le Duc d'Orleans, Prince de Conty, & Cardinal; & defcendu, pris l'avis de Meffieurs les Prefidens; aprés remonté, celuy des Ducs & Pairs & Marêchaux de France.

Du

Du 31. Juillet 1648.

Monsieur le Chancelier monte au Roy, reçoit sa volonté, prit l'avis de la Reine Regente, de Monsieur le Duc d'Orleans, Prince de Conty, & Cardinal ; & descendu, prit l'avis de Messieurs les Presidens ; après remonté, celuy des Ducs & Pairs & Maréchaux de France.

Du 7. Septembre 1651.

Monsieur le Chancelier a monté au Roy, receu sa volonté, pris l'avis de la Reine, de Monsieur le Duc d'Orleans, & du Prince de Conty ; descendu, pris l'avis de Messieurs les Presidens ; après remonté, celuy des Ducs Ecclesiastiques, & ensuite des Ducs & Pairs & Maréchaux de France.

Du 22. Octobre 1652.

Au Louvre Monsieur le Chancelier s'est levé, retourné vers la personne du Roy, qui auroit fait approcher Monsieur & declarer sa volonté ; descendu, prendre l'avis de Messieurs les Presidens ; remonté, celuy des Ducs & Pairs & Maréchaux de France ; descendu, celuy des Maistres des Requestes, Conseillers, &c.

Du 13. Novembre 1652.

Monsieur le Chancelier a monté & parlé au Roy, receu sa volonté, pris l'avis de Monsieur le Duc d'Anjou ; descendu, pris l'avis de Messieurs les Presidens ; après remonté, celuy des Ducs & Pairs, & Maréchaux de France.

Du 31. Decembre 1652.

Monsieur le Chancelier s'étant levé, retourné vers le Roy qui auroit fait approcher Monsieur & declaré sa volonté ; seroit descendu prendre l'avis de Messieurs les Presidens ; remonté prendre l'avis de l'Archevêque de Rheims, & ensuite des Ducs & Pairs & Maréchaux de France.

Du 19. Janvier, 21. 27. & 23. Mars 1654.

Au procés de Monsieur le Prince, Monsieur le Chancelier étant assis demanda l'avis aux Conseillers aprés les Rapporteurs, puis aux Ducs & Pairs, ensuite aux Presidens, ainsi qu'il se pratique aux Chambres assemblées quand le Roy n'y est pas.

Du 20 Mars 1655.

Monsieur le Chancelier s'étant levé, retourné vers la personne du Roy, qui auroit declaré sa volonté, seroit descendu ; pris l'avis de Messieurs les Presidens,

F

aprés remonté, pris l'avis des Ducs & Pairs & Maréchaux de France.

Du 19. Decembre 1657.

Monsieur le Chancelier étant levé, retourné vers la personne du Roy qui auroit fait approcher Monsieur le Duc d'Anjou, le Prince de Conty, & Monsieur le Cardinal Mazarin, & déclaré sa volonté; seroit descendu pour prendre l'avis de Messieurs les Presidens; aprés remonté, pris l'avis des Ducs & Pairs, & Maréchaux de France; & descendu, pris l'avis de Messieurs les Conseillers, &c.

Du 27. Fevrier 1662.

On en usa comme l'on avoit fait en la précedente du 19. Decembre 1657. le Roy ayant fait sçavoir par la bouche de Monsieur le Chancelier, qu'il entendoit qu'en attendant un Reglement diffinitif, la Provision demeurât pour les Presidens.

Du 14. Decembre 1663.

Dans la Seance du Roy pour la reception des Pairs, les Presidens opinerent immediatement avant Monsieur le Chancelier, c'est-à-dire; qu'ils conserverent l'avantage de l'Opinion, à l'égard des Ducs & Pairs, ainsi qu'ils avoient fait au procés de Monsieur le Prince.

TROISIÉME MEMOIRE

DES PAIRS DE FRANCE

Pour servir de réponse au premier Memoire
des Presidens.

REMARQUES

Sur le Memoire que les Presidens au Mortier
ont presenté au Roy, pour appuyer leur preten-
tion d'opiner avant les Pairs, aux Lits de
Justice.

C E Memoire contient trois parties : La premiere est employée
à prouver le prétendu droit des Presidens : la seconde, à en
établir la possession ; & la troisiéme, à faire voir qu'il est de
l'interest du Roy de la maintenir.

REMARQUES

SUR LA PREMIERE PARTIE.

Dans cette premiere Partie on y trouve beaucoup de raisonnemens,
de probabilitez & de conjectures ; mais peu de preuves, d'exemples &
d'autoritez, qui sont les seules choses décisives en ces sortes de matieres.

Pour y faire nos Remarques avec moins de confusion, nous la par-
tagerons en sept principaux articles.

1. Que le Parlement a été établi sedentaire à Paris, pour abbaisser la
trop grande puissance des anciens Pairs.

2. Que depuis cet établissement, le Parlement, que quelques-uns appelloient improprement *la Cour des Pairs*, a repris son ancien nom de
Cour du Roy & Cour de France.

Abregé de
la premiere
partie du
Memoire des
Presidens.

3. Que même en la prefence du Roy le rang & la dignité des Prefidens ne diminuë point.

4. Que fi les Pairs font partie du Parlement, n'étant que Confeillers, ils ne peuvent prétendre de préceder ceux qui y préfident.

5. Que fi les Pairs en font un Corps feparé, le Parlement, qui eft le premier des Corps de l'Etat, les doit préceder.

6. Que les Pairs nouveaux ne font pas au même état que les anciens.

7. Que quand même cela feroit, les Prefidens les devroient toûjours préceder; parce que leur autorité ne vient pas d'eux-mêmes; mais de ce qu'ils reprefentent le Roy.

AVANT-DISCOURS.

Avant que de faire nos Remarques fur tous ces articles, il eft neceffaire d'expliquer d'abord la vraye origine des Parlemens, leur progrés, & la part que de tout temps y ont eu les Pairs; parce que cette lumiere fervira d'éclairciffement à tout le refte.

Les Hiftoriens & tous les autres Auteurs qui ont écrit de ces antiquitez de la France, demeurent d'accord que dès la premiere Race de nos Rois, & tant qu'a duré la feconde, ils convoquoient une fois ou deux l'année des Parlemens; c'eft-à-dire, des Affemblées, compofées de Prelats, & de Ducs & Comtes, qui étoient les premiers de l'Eglife & de la Nobleffe; pour y regler les importantes affaires d'Etat, y juger les differends confiderables qui fe prefentoient, y recevoir les plaintes & les appels des Juges particuliers des Provinces, & y faire generalement tout ce que les Rois ont fait depuis dans les affemblées d'Etats generaux, & les derniers Parlemens.

Sur la fin de la feconde Race les Duchez & les Comtez, qui n'étoient auparavant que de fimples titres d'Offices & de Gouvernemens de Provinces, étant devenuës patrimoniales, réelles, & hereditaires; & Hugues Capet, qui étoit parvenu à la Couronne par l'affiftance de ces Ducs & Comtes, les ayant confirmez dans leurs Seigneuries; les Seigneurs des fix plus grands fiefs qui relevoient immediatement de la Couronne, fe trouverent les premiers & les principaux Chefs de la Nobleffe dans l'affemblée de ces Parlemens. Et comme, felon l'ufage ancien des Fiefs, ceux qui étoient mouvans immediatement d'un même Seigneur Suzerain, étoient appellez *Pairs de Fiefs & de Cour*, pour affifter leur Seigneur quand il prenoit poffeffion de fa Seigneurie; pour feoir avec luy dans les jugemens des caufes du Fief; pour décider les differends des autres vaffaux; confeiller leur Seigneur dans fes affaires, & le fervir à la guerre: Ces fix Princes ou Barons qui joüiffoient de ces mêmes droits preferablement à tous les autres Seigneurs du Royaume, prirent auffi l'illuftre nom de *Pairs de France*; & les Rois pour continuer à joindre l'Eglife avec la Nobleffe, ayant conferé ce même titre aux fix Evêques qui l'ont toûjours depuis confervé; cette affemblée d'Etat qui ne s'étoit jufqu'alors appellée que

Marginal notes:

Pafquier dans fes Recherches.

Vignier du fommaire de l'hiftoire de France.

Mezeray hiftoire de France.

Pithou des Comtes de Champagne & Brie.

Chopin de la Succeffion des Pairies en France.

Fauchet des Patrices, Ducs & Comtes.

Loyfel de la Pairie de Beauvais.

Dupleix dans fon hiftoire.

Du Tillet des Pairs de France.

Pares Curiæ.

Le Procureur General de la Guefle.

que *Parlement*, s'appella aussi depuis, *Cour des Pairs*, *Cour du Roy*, & *Cour de France* : Ce n'est pas que les Rois n'y appellassent aussi d'autres Prelats & d'autres Seigneurs pour y avoir séance & voix déliberative ; mais il n'y entroit que ceux que les Rois nommoient pour y assister avec les Pairs à quelque affaire d'importance, comme leurs ajoints & leurs assesseurs : Au lieu que tous les Pairs en étoient avec les Rois, les Juges naturels & ordinaires.

(*a*) Comme il y avoit neanmoins des differends de moindre importance qui n'exigeoient pas la presence de ces Pairs, lesquels n'étoient établis que pour le jugement des grandes causes, les Rois choisissoient quelques Seigneurs de leur Cour, & d'autres personnes de capacité & de merite, pour les décider en des Assemblées ou Parlemens ordinaires qui étoient toûjours à leur suite. (*b*) Mais les procés se multipliant de jour en jour par les appellations des Sentences des Baillifs & Seneschaux des Provinces ; Philippe le Bel afin de pourvoir à l'expedition de la Justice & au soulagement de ses sujets, qui recevoient beaucoup d'incommoditez à la suite de ces Parlemens Ambulatoires, il declara en 1302. qu'il vouloit (*c*) établir un Parlement qui se tinst à Paris deux fois l'année, sçavoir aux *Octaves de Paques & de la Toussaints*, deux mois chaque fois ; un *Eschiquier à Roüen* ; de *Grands-jours à Troyes* ; & un *Parlement à Toulouse*. Il ordonna par le même Edit que ces Cours de Justice seroient composées moitié de Laïques, & moitié d'Ecclesiastiques, nommant pour y tenir le premier lieu ou y presider, deux Prelats & deux Seigneurs de sa Cour.

(*d*) En 1356. le Dauphin Charles V. ordonna dans une Assemblée d'Etats durant la prison du Roy Jean son pere, que le Parlement qui ne se tenoit que deux fois l'année, par ceux que le Roy nommoit au commencement de chaque séance, se tiendroit doresnavant sans aucune discontinuation. Ce ne fut neanmoins que vers l'an 1400. sous la foiblesse du regne de Charles VI. que les Rôles des Officiers ayant cessé d'être envoyez à l'ordinaire au commencement de la tenuë des Parlemens, les Officiers ne sçachant à qui s'adresser, se continuerent d'eux-mêmes & devinrent perpetuels.

L'on remarque que ce fut cette continuation du Parlement qui en chassa la Noblesse, qui faisoit profession des armes. Car la plûpart des Seigneurs & Gentils-hommes ne voulant pas, selon qu'en parlent les Auteurs, (*e*) *changer leurs epées en écritoires*, furent contraints de quitter leurs places à ceux qui ne faisoient pas la même profession. Ce n'est pas qu'il n'y en demeurât toûjours quelques-uns de Nobles, ainsi qu'il paroît par la préference qu'on leur donnoit dans les élections pardessus ceux qui ne l'étoient pas : mais ils cesserent de porter l'épée, & prirent tous de longues robes vers l'an 1400.

Marginal notes:

(*a*) Pasquier dans ses Recherches.

(*b*) Harangue du Premier President Guillard au lit de Justice de François I. le 24. Juillet 1527.

(*c*) *Præterea propter commodum subjectorum & expeditionem causarum proponimus ordinare, quòd duo Parlamenta Parisiis, & duo Scacaria Rotomagensia, & dies Trecenses bis tenebuntur in anno; & quòd Parlamentu, apud Tholosam tenebitur, si gentes prædictæ terræ consentiant quòd non appelletur à Præsidentibus in Parlamento.* Philippe le Bel 1302.

(*d*) Il y ara au Parlement deux Prelats, c'est à savoir, l'Archevêque de Narbonne, & l'Evêque de Rennes ; & deux Laïcs, c'est à sçavoir, le Comte de Dreux, & le Comte de Bourgogne. Il y ara 13. Clercs, & 13. Laïcs sans eux, & seront li. 13. Clercs, Messire Guillaume de Naugaret, qui porte le Grand Sceel, le Doyen de Tours, &c. & li. 13. Clercs du Parlement seront li. Connestable, Messire Guillaume de Plaisance, &c. *Ibid. Pasquier*.

(*e*) Pasquier liv. 2. chap. 3. des Recherches de France.

G

Pafquier
ibid.

Depuis, la chicane ayant encore multiplié les procés, les Rois ne multiplierent pas feulement dans le Parlement de Paris le nombre des Juges, dont les charges devinrent venales fous Loüis XII. & François I. mais établirent aufli pour la commodité de leurs fujets, plufieurs autres Parlemens dans les Provinces, qui diminuërent notablement le reffort de celuy de Paris; mais non la Jurifdiction & l'étenduë de la Cour des Pairs. Car c'eft une diftinction fi importante, à bien remarquer, qu'elle peut fervir d'éclairciffement à toutes les difficultez que fait naître le Memoire, & de décifion à toute l'affaire.

Le Parlement peut donc être confideré en deux manieres; ou fimplement comme Parlement de Paris, ou comme Cour des Pairs & Cour de France. Si on ne le confidere que comme Parlement de Paris, il eft certain qu'il n'a été inftitué Sedentaire à Paris, ainfi que les autres Parlemens l'ont depuis été, que pour juger les procés des particuliers, les appels des Juges fubalternes, les caufes des Pairs, & autres femblables, de même que faifoient fouvent les Parlemens appellez Ambulatoires, même fans le Roy & fans les Pairs. Les Auteurs qui en ont écrit en conviennent tous: mais ces paroles de l'Edit de Philippe le Bel en 1302. fuffi-

Propter ex-
peditionem
caufarum, &
commodum
fubjectorum.

fent feules pour le prouver: *Pour l'expedition des caufes & la commodité de fes fujets.* Et en effet, il parle dans le même Edit de l'Efchiquier de Roüen, des Grand Jours de Troyes, & du Parlement de Touloufe, qui affurément n'étoient pas des Jurifdictions inftituées pour juger des grandes affaires d'Etat.

Le Chancelier Olivier dans la harangue qu'il fit en 1549. en prefence de Henry II. dans le Parlement, dit que le Roy Jean, qui vint à la Couronne quarante ou cinquante ans après l'inftitution du Parlement Sedentaire, *limita fa jurifdiction*, ordonnant qu'il connoiftroit feulement *des caufes des Pairs de France*, & autres caufes particulieres qu'il nomme enfuite. Et il ajoûte: *Et deflors ne furent aucunes matieres d'Etat traitées à la Cour, finon par commiffion fpeciale; ains fe mêla la Cour du fait de la Juftice feulement, felon les termes de l'Ordonnance du Roy Jean.*

Mais le témoignage du Premier Prefident de la Vaquerie, dont l'Auteur des Prefidens dit pour un éloge de finguliere vertu: *Qu'il mourut plus riche d'honneur & de reputation que des biens de la fortune*, eft fi formel, qu'il fera inutile d'en rechercher d'autres. Car répondant au Duc d'Orleans, qui vouloit que le Parlement fe mêlât de reprimer les violences prétenduës de Madame de Beaujeu, & les contraventions faites par elle & ceux de fa faction, à ce qui avoit été ordonné par les Etats generaux, tenus après la mort de Loüis XI. il répondit fagement: *Que la Cour étoit inftituée par le Roy pour adminiftrer Juftice, & que ceux de la Cour n'avoient point d'adminiftration de guerre, de Finance, ny du fait & gouvernement du Roy, ne de grands Princes; & que Meffieurs de la Cour de Parlement eftoient* GENS CLERCS ET LETTREZ, *pour vacquer & entendre au fait de Juftice:* Mais il ajoûte: *Que s'il plaifoit au Roy leur commander plus avant, la Cour luy obéïroit; mais que fans le bon plaifir & commandement du Roy, cela ne fe devoit faire.*

(*a*) Ce qui montre clairement, & que le Parlement ne doit connoiſtre par luy-même que des cauſes particulieres ; & que quand il plaiſt au Roy, il peut, comme Cour des Pairs, connoître des plus grandes cauſes.

C'eſt pourquoy ſi l'on conſidere le Parlement comme joint aux Pairs, pour les aider dans les jugemens qu'ils font avec les Rois des grandes affaires, ainſi qu'il ſe pratiquoit autrefois dans les anciens Parlemens ; c'eſt alors qu'on le pourra proprement appeller la Cour du Roy & la Cour de France : parce que les Pairs étant les Juges naturels avec le Roy, qui eſt leur Chef, de ces grandes cauſes, il eſt certain que le Parlement y étant joint, participera comme Cour des Pairs à leur Juriſdiction, qui s'étend par tout le Royaume.

Et cela eſt ſi veritable, que les Pairs ont ſouvent reglé ſans le Corps du Parlement, pluſieurs importantes affaires de l'Etat, & que lorſqu'il s'y eſt trouvé, ce n'étoit que pour les aſſiſter en ces jugemens, où ils avoient toûjours la premiere autorité & le premier lieu.

En 1315. quoique ce fut depuis l'inſtitution du Parlement ſedentaire, pour juger le procés de Robert Comte de Flandres, les Pairs furent ſeulement aſſiſtez, ainſi qu'il eſt écrit dans cet Acte, *de douze perſonnes, Prelats, & autres grands & hauts hommes : C'eſt à ſçavoir, &c.* . . . (*b*) *éleus & mis à ce faire de par le Roy nôtre Sire avec les Pairs, comme Cour garnie de Pairs, d'eux & d'autres ſages gens : Et fut dit par le Roy devant les Pairs, que bonnement ne pouvoit avoir plus de Pairs. Car li Duc de Guyenne s'excuſa, &c.* ſans qu'il ſoit parlé du Parlement en cet Arreſt, par lequel Robert Comte de Flandres fut condamné.

(*c*) en 1316, ils déciderent à Reims de la ſucceſſion du Royaume de France & de Navarre, en couronnant le Roy Philippe le Long, frere de Louïs Hutin, contre les prétentions de Jeanne ſa fille aînée, & l'intimation que la vieille Ducheſſe de Bourgogne ſa Grand-Mere leur avoit fait faire, de ne point paſſer outre à ce couronnement, que le different ne fût terminé.

(*d*) En la même année le Roy Philippe le Long confirma un Arreſt donné par les Pairs par Gaucher de Chaſtillon, Comte de Porcien, Conneſtable de France, & qui avoit pour lors les Sceaux du Roy, où ce Conneſtable les appelle : *Nos grands Seigneurs de France.* Et leur Cour : *La Cour de France.*

(*a*) Michel de l'Hôpital, Chancelier de France, dit que le Roy l'avoit envoyé ceans pour prendre conſeil & avis ſur certaines choſes, eſtimant qu'ils luy ſont Conſeillers pour les procés, mais pour les plus grandes affaires de ſon Etat, quand il luy plaît les en requerir. *Seance du 18 Juin 1551.*

(*b*) Reverend Pere l'Archevêque de Roüen, les Evêques de S. Brioc & de S. Malo, M. Philippe fils du Roy de France, Comte de la Marche, Monſieur Guy, Comte de S. Paul, M. Gaucher de Chaſtillon, Comte de Porcien, Monſieur Loüis aîné fils du Comte de Clermont, Sei-

gneur de Bourbonnois ; Monſieur I. de Clermont, Seigneur de Charolois. M. B. Seigneur de Marevil, & Monſieur Mile, Seigneur de Noyers. *Jugement des Pairs en 1315.*

(*c*) *Antiqua Duciſſa Burgundia, appellatione, ut dicebatur, facta, intimari fecit Paribus qui coronationi intererant, ne in ipſam procederent, donec tractatum eſſet de jure, quod Johanna juvencula puella, Ludovici Regis defuncti primogenita, habebat in regnis Francia & Navarra. Iſtis tamen non obſtantibus, coronationis feſtum fuit ſolemniter celebratum, januis civitatis clauſis & armatis ad earum cuſtodiam deputatis.*
Fragment en parchemin d'un ancien Journal des choſes avenuës en 1316.

(*d*) Lettres de confirmation de Philippe le Bel, commençant : *Notum facimus, &c. Datum Pariſiis die 20. Februarii 1316.*

(a) en 1317. le même Roi fit affigner Robert Comte de Flandre à comparoiftre en fa Cour garnie de Pairs , de Prelats , de Barons , & d'autres qu'il appartiendra. Et cite chacun des Pairs en particulier pour fe trouver à ce jugement.

(b) En 1322. un ancien Hiftorien rapporte, qu'un debat fut mené & difputé devant la perfonne du Roy Charles en la Cour des Pairs de France, pour la fucceffion du Comté de Flandre , lequel fut adjugé à Louïs dit de Grefly, fils du Comte de Nevers.

(c) En 1328. les Pairs adjugerent le Royaume à Philippe de Valois , contre les prétentions du Roy d'Angleterre , qui avoit époufé la fœur du Roy Charles le Bel.

(d) En 1340. au procés de Jean de Montfort, Duc de Bretagne , il eft dit , que le Roy ayant eu confeil avec fes Pairs , adjugea par leur avis la Bretagne à Charles de Blois.

(e) En 1368. le Prince de Gales fut ajourné par Charles V. ainfi que parle ce Roy, en noftre Chambre des Pairs, & confifqua enfuite par leur avis le Duché de Guyenne en 1370. (f) dans fa Chambre fuperieure , ainfi qu'il parle.

(g) En 1378. les Pairs furent encore ajournez pour affifter au procés de Jean de Monfort Duc de Bretagne. (h) Et pour ce que , ainfi que parle une ancienne Chronique, les Pairs n'étoient pas tous prefens, jaçoit qu'ils euffent efté adjournez & mandez par le Roy, pour cette caufe , ils s'excufoient par leurs lettres ouvertes, lefquelles furent lûes en la prefence de tous. Ce qui fait voir de quelle confideration y eftoit leur affiftance.

(i) La même chofe paroift en 1386. au procés de Charles Roy de Navarre Pair de France , & dans une infinité d'autres lits de Juftice qu'il feroit trop long d'alleguer icy, où non feulement les Rois ont voulu que les Pairs affiftaffent : mais où le Parlement même a jugé leur prefence toûjours neceffaire, ainfi qu'il paroift par la réponfe qu'il fit au Roy Charles V I I. en 1458. (k) Que les Pairs devoient eftre appellez à ces jugemens. Et en effet , ce même Roy voyant qu'il n'avoit pas affez de Pairs

(a) Lettres d'ajournement de Philippe le Long données à Paris le 9. Avril 1317.
(b) Hiftoire de Flandre de Pierre d'Oudegherft, c. 147.
(c) Quand le Roy Charles apperceut que mourir luy convenoit , il advifa que s'il advenoit que ce fuft une fille (car il laiffoit la Reine fa femme groffe) que les douze Pairs & hauts Barons de France euffent confeil & avis entr'eux d'en ordonner, & donnaffent le Royaume à celuy qui avoit le droit par droit. Et peu aprés la Reine accoucha d'une fille : & a donc les douze Pairs & Barons de France s'affemblerent à Paris au plûtôt qu'ils purent & donnerent le Royaume d'un commun accord à Monfieur Philippe de Valois. Froiffart.
(d) Froiffart 1. Vol. chap. 70. 71.
(e) Coram nobis in Curia noftra , magno confilio noftro Parium Franciæ , Prælatorum , Baronum , aliorumque fufficienter munitâ. Arreft donné à Conflant le 7. Septembre 1341.
(f) Froiffart.
(g) Coram nobis in Curia noftra Superiori.
(h) Le Roy fit affembler les Pairs , & les manda venir devers luy : plufieurs y vinrent, d'autres non , comme le Comte de Flandres , au jour affigné. Tout le Confeil & les Pairs furent affemblez fort ceremonieufement. Le Roy en perfonne propofa , &c. L'Arreft du 20. Juillet enfuivant fut donné conforme aux conclufions, affiftant les Pairs, l'Archevêque de Reims, &c. D'Argentré , liv. 8. chap. 289.
(i) Extrait de la Chronique de S. Denis en la vie de Charles V.
(k) Extrait des Regiftres du Parlement.
(l) Avis du Parlement de Paris du 20. Avril 1458. aprés Pâques. Sur les queftions & difficultez que fait le Roy, & dont il a écrit à fa Cour de Parlement par Maiftre Jean Tudert, Maiftre des Requeftes, &c. Aprés que les Regiftres ont fur ce efté vûs & vifitez , a femblé à ladite Cour bien affemblée fur ce , & a déliberé ainfi que s'enfuit.

au lit de Justice, qu'il tint à Vendosme contre le Duc d'Alençon, constitua Pairs par son autorité Royale le Duc de Bourbon, & les Comtes de Foix, de la Marche, & d'Eu, pour assister à ce jugement. François I. en usa de même en 1527. car voyant que le nombre des Pairs Laïcs n'estoit pas assez grand, il crea Pair le Comte de Saint Paul, pour assister à cet Acte seulement.

Mais si la presence des Pairs a été jugée si utile & si necessaire en ces actions importantes, les Rois n'en ont pas fait le même jugement de la presence du Parlement, puisqu'outre celles que nous avons déja rapportées, il n'y avoit que quelques Députez du Parlement en ce Lit de Justice de 1458. qu'en plusieurs autres rencontres les Rois en ont aussi usé de la même sorte; & que quelquefois ils se sont servis des autres Parlemens, ou d'autres sortes d'Assemblées pour y faire des déclarations de Majorité, & y regler avec les Pairs plusieurs affaires de cette nature.

Ces choses étant observées, il sera aisé d'éclaircir toutes les difficultez contenuës dans le Memoire des Presidens.

REMARQUES

SUR LE PREMIER ARTICLE DU MEMOIRE.

On employe d'abord un long discours à exagerer la trop grande puissance des anciens Pairs dans le Parlement, afin de persuader que c'est ce qui a obligé les Rois à en changer la forme ancienne, en le rendant sedentaire, & en y établissant des Presidens, pour y tenir toûjours un rang & une fonction superieure aux Pairs; Mais il est visible que c'est une pensée toute nouvelle, & une conjecture sans fondement.

1. Parce que le Roy Philippe le Bel qui a fait cet établissement du Parlement sedentaire est plus croyable, lorsqu'il déclare luy-même son dessein, en disant que *c'est pour l'expedition des causes & la commodité de ses sujets*, que le Memoire qui n'en parle que de luy-même, & qui n'en peut apporter nulle autorité, puisque tous les Auteurs n'en parlent que selon ce qu'en a dit le premier Philippe le Bel.

2. Parce que la puissance legitime des anciens Pairs considerez comme tels, ne blessoit nullement dans l'exercice de ses fonctions, la puissance & l'autorité Royale. Car on voit dans les plus anciens jugemens des Pairs, qu'ils se faisoient toûjours en la presence du Roy, comme de leur Chef naturel. Ainsi dans celuy rendu en 1202. contre Jean Roy d'Angleterre, comme Duc de Normandie & de Guyenne, & Pair

des Patrices, Ducs, & Comtes.

Comme la Cour se remplissoit de plus en plus de procés & de pauvres poursuivans, qui se consumoient en frais pour attendre un Arrest diffinitif, Philppe le Bel considerant cette incommodité, & desirant soulager ses sujets, ordonna que le Parlement se tiendroit deux fois l'an, aux Octaves de Pâques & de la Toussaints, &c. *Mezeray tom. 1. de Philippe le Bel.*
Histoire des Presidens.

Chronique d'Angleterre de Jean Forestel.

Et vinrent audit lieu de Vandosme par mandement des Conseillers pour le Roy en sa Cour de Parlement, tant Laïques qu'Ecclesiastiques, &c.

Séances en 1365. 1366. 1369. 1411.

Déclaration de Majorité de Charles IX. en 1563. à Roüen.

Lits de Justice dans les autres Parlemens.

Majorité de Charles VI. à Paris.

Harangue de Charles Guillard Premier President, au Lit de Justice de François I. en 1527.

Harangue du Chancelier Olivier au Lit de Justice de Henry II. en 1549.

Fauchet

H

France, pour le meurtre par luy commis en la personne d'Artus Duc de Bretagne, il est dit que ce Roy *fut ajourné à comparoistre en personne par devant le Roy & les Pairs de France en la Cour de Parlement*, &c. Et ensuite: *Aprés que les informations eurent été vûës au Parlement par le Roy & les Pairs de France, fut par Arrest*, &c. Le jugement rendu sous le même Roy Philippe Auguste quinze ans après sur l'hommage du Comté de Champagne: celuy donné au Camp d'Ancenis contre le Duc de Bretagne; & tous les autres donnez ensuite jusqu'à l'établissement du Parlement sedentaire, marquent tous la même chose, & que les Pairs s'assemblant par le commandement du Roy, & en sa presence, & n'agissant que sous son nom & par son autorité, ils étoient bien éloignez d'introduire cette *Aristocratie indépendante de la Royauté*, dont le Memoire les accuse avec si peu de fondement.

Et en effet de toute cette puissance si excessive & de toutes ces entreprises si préjudiciables à la Royauté que l'on exagere si fortement, le Memoire n'en allegue icy que deux choses. L'une, *que les Pairs devoient estre assignez par les Pairs mêmes. L'autre, qu'ils ne devoient être jugez que par des Pairs.* Or ces deux prétentions devoient estre jugées & terminées avant l'établissement du Parlement sedentaire en 1302.

Car pour la premiere qui venoit de Jeanne Comtesse de Flandres, le Roy jugea dans sa Cour des Pairs *(a)* dés l'an 1224. c'est-à-dire quatre-vingt ans avant cet établissement, *qu'elle avoit été suffisamment assignée par deux Chevaliers au nom du Roy*; qui est la forme que le celebre du Tillet dit avoir été introduite *pour la reverence dûë aux Pairs*; & depuis nul d'eux n'a reclamé contre cet ancien jugement; ainsi qu'il paroît dans l'assignation donnée peu après au Comte de Flandres, & dans tous les autres actes semblables.

Quant à l'autre prétention, elle fut formée en 1295. par Guy Comte de Flandres, en consequence d'un traité *(b)* fait soixante-dix ans auparavant entre S. Loüis & Ferrand Comte de Flandres, par lequel ce Roy s'obligeoit en cas d'inexecution du Traité, *de luy en faire raison dans la Cour des Pairs*. Mais outre que c'étoit une convention particuliere entre eux qui ne tiroit point à consequence pour les autres Pairs; c'est que la Cour des Pairs étant la Cour du Roy même, & dont il est l'unique Chef, ce n'étoit nullement s'exclure d'en estre le Juge; ainsi qu'il s'étoit toûjours pratiqué auparavant. Aussi le Roy jugea dans la même Cour & dans cette même année 1295. contre le Comte de Flandres, selon ce qui avoit déja été jugé peu auparavant contre l'Archevêque de Reims, *qu'au Roy seul appartenoit de juger quand les Pairs y devoient estre appellez.*

Marginal notes:

Histoire de de Bretagne d'Alain Bouchart.

Lettres de Philippe Auguste données à Melun au mois de Juillet de l'an 1216. *Datum in castris juxta Anconix, anno Domini 1230. mense Januarii.* Du Tillet des Pairs de France.

(a) *Judicatum est in Curia Domini Regis, quòd Comitissa fuerat sufficienter & competenter citata per duos milites, & quòd tenebat, & valebac submonitio per eos facta de Comitissa.* Arrest donné à Paris en 1224.

(b) Projet d'un traité de Paix entre le Roy Saint Loüis & la Reine Blanche sa Mere d'une part; Et Ferrand Comte de Flandres, & la Comtesse Jeanne, d'autre part. Fait à Melun l'an 1225. au mois d'Avril. Du Tillet.

Celuy donné contre Robert d'Artois porte exprés, que c'est selon la forme du Traité de Paix, l'observance duquel ne peut estre tiré à consequence, *du Tillet.*

Arrest de l'an 1296. à la Nostre-Dame de Septembre contre l'Archevêque de Reims. Du Tillet.

Arrest de 1295. à la Toussaints contre le Comte de Flandres.

Ainsi ces deux prétentions ayant été décidées avant l'an 1302. il n'y avoit plus de necessité d'y apporter remede par un changement dans le Parlement.

3. Il est certain que les Pairs avoient toûjours donné des preuves si signalées de leur fidelité & de leur zele pour la Couronne, & rendu en tous les temps de si importans services à cet Etat, qu'il n'étoit nullement de l'interest des Rois de donner atteinte à cette éminente dignité qui leur avoit toûjours été si utile.

Du Tillet, ainsi que plusieurs autres Historiens, remarque que l'établissement des Pairs fut le rétablissement de la Monarchie. Car les grands Seigneurs étoient alors si puissans par les grands biens & les grands Etats qu'ils possedoient, que les Rois n'avoient pas d'eux-mêmes assez de forces pour les reduire quand ils sortoient de leur devoir : mais se trouvant depuis obligez par leur qualité de Pairs à une fidelité plus particuliere & plus étroite que tous les autres, & à se soûmettre au jugement de leurs Confreres ou Compairs, ainsi qu'on parloit en ce temps-là ; si quelqu'un d'eux manquoit envers le Roy à la fidelité qu'il luy avoit si solemnellement jurée, les autres ne manquoient pas aussi-tôt de le condamner. Et comme ils étoient engagez de contribuer de leurs biens, de leurs forces & de leurs personnes à l'execution de leurs jugemens, ils ont fait revenir au Roy les plus belles Provinces de son Royaume. C'est ainsi que la Normandie, la Guyenne, & plusieurs autres portions de l'Etat ont été réünies à la Couronne. De sorte qu'il n'y a nulle apparence que les Rois ayent alors voulu ruiner une autorité qui leur étoit si avantageuse.

Du Tillet.
Mezeray.
Pasquier
dans ses Recherches.

Le Memoire a encore moins de raison d'avancer que depuis l'établissement du Parlement sedentaire, les Pairs se soient voulu élever contre l'autorité Royale, puisque c'est le temps où nous trouvons des marques plus signalées de leur fidelité & de leur attachement à la Royauté.

Nous les voyons en 1315. c'est-à-dire, douze ou treize ans après l'établissement du Parlement, condamner tous d'une voix en faveur du Roy Loüis Hutin, le Comte de Flandres.

Nous les voyons en 1316. mettre la Couronne sur la tête au Roy Philippe le Long, malgré les prétentions qu'avoit sur le Royaume Jeanne fille ainée du Roy Loüis Hutin.

Nous les voyons en 1319. refuser de s'engager à ne point servir ce même Roy s'il manquoit à son Traité avec les Flamans ; quoique le Pape leur eût conseillé de le faire, & que le Roy même en fût demeuré d'accord, disant que c'estoit une chose étrange & non accoustumée aux Rois, au lignage, & aux Pairs de France. Ce qui marque, selon que parle du Tillet, de quelle fidelité, obéïssance & dévotion les Pairs de France sont liez au Roy.

Nous avons déja rapporté le jugement que les Pairs rendirent en 1328. en faveur du Roy Philippe de Valois pour l'execution de la Loy Salique, sans lequel la France seroit il y a plus de trois cens ans entre les mains des Anglois.

(a) *Et ipfam pacem & tractatum pacis per præfentes juramus, bona fide & per juramentum noftrum nos fervaturos , & facere fervari pro poffe per noftros fubditos, &c. Anno 1361. in caftro noftro de Sarreyo.* Lettres de l'Evefqne de Chaalons.
(b) *Et outre fera le Roy bailler à mondit ficur le Duc & aux Eftats de fes païs les lettres & fcellez de Meffieurs les Princes du Sang fubrogez au lieu des Pairs & de l'Archevefque Duc de Reims, des Evefques & Ducs de Laon & de Langres , & des Evefques & Comtes de Noyon, Chaalons & Beauvais, Pairs de France.*
(a) *Confiderâtes infuper quòd duodecim Parium qui in regno noftro antiquitàs efte folebant , adeò diminutus eft numerus quod antiquus regni noftri ftatus ex diminutione hujufmodi multipliciter deformatus videatur, &c.* Et un peu après : *Volentes itaque regni noftri folium veterum dignitatum ornatibus reformare.*
(b) *Omnique Paritatis ejufdem quemadmodum fidelis & dilectus noster Dux Burgundiæ compar ejus jure & prærogativa lætetur.*

En 1341. ils condamnerent avec le même Roy le Duc de Bretagne.

En 1361. le (a) Roy Jean leur confia la foi de l'execution du Traité de Bretigny avec le Roy d'Angleterre. (b) Loüis XI. en fit de même en 1482. dans le Traité entre luy, & le Duc Maximilien d'Auftriche.

En 1370. ils confifquerent en faveur du fage Roy Charles V. le Duché de Guyenne fur les Anglois.

Et dans ces deux exemples mêmes qu'allegue icy le Memoire de la prétention que renouvellerent les Pairs en 1378. & 1386. ils ne laifferent pas de juger avec Charles V. & Charles VI. le Duc de Bretagne & le Roy de Navarre, ainfi que ces Rois le defiroient, & que le demandoit la Juftice & le bien de leur fervice.

Nous ne parlerons pas des exemples plus recens de la fidelité des Pairs, & des grands fervices qu'ils ont rendus à l'Etat dans ces derniers temps ; puifqu'il fuffit de montrer par ce qu'ils ont fait un fiecle avant l'établiffement du Parlement, & un fiecle après, que les Rois n'avoient alors nul fujet de les abaiffer.

4. Auffi les Rois ont été fi éloignez de cette penfée, que c'eft en ce même temps-là qu'ils ont le plus travaillé à relever cette dignité, par les premieres érections des nouvelles Pairies. Car il fe trouve par une rencontre bien remarquable, pour faire voir le peu d'apparence de ce que le Memoire rapporte, que ce même Philippe le Bel, qu'il prétend avoir inftitué le Parlement fedentaire pour rabaiffer l'autorité des anciens Pairs, eft le premier qui l'a rétablie, lorfqu'elle commençoit à s'affoiblir par l'extinction des trois anciennes Pairies de Normandie, Thouloufe & Champagne. Car n'y ayant plus alors que Bourgogne, Guyenne & Flandres qui fubfiftaffent, ce Roy, pour ne pas laiffer éteindre cette dignité, en érigea cinq nouvelles ; fçavoir Alençon, Artois, Bretagne, Valois & Anjou, quelques années avant l'établiffement qu'il fit du Parlement fedentaire. Et voicy la raifon qu'il en apporte dans l'érection de celle d'Anjou : (a) *Confiderant que le nombre des douze Pairs, qui avoient accoûtumé d'eftre anciennement dans le Royaume, eft tellement diminué, que l'ancienne face de noftre Eftat en paroift défigurée en plufieurs manieres, Nous voulons rétablir l'honneur & la gloire de noftre Trône Royal par l'ornement des anciennes dignitez.*

Et pour montrer qu'il étoit auffi éloigné de vouloir affoiblir le pouvoir & les droits des Pairs, que d'en diminuer le nombre ; il ajoûte dans les mêmes Lettres, qu'il vouloit que ce Duc d'Anjou (b) *joüift des mêmes droits & prérogatives de Pairie, que le Duc de Bourgogne fon Compair.*

Loüis le Hutin fon fils, qu'on dit avoir exécuté le projet du Parlement fedentaire, qu'avoit formé fon pere Philipe, bien loin de le faire au défavantage des Pairs, érigea luy-même en 1315. & 1316. les Comtez

de

de Poitou & de la Marche en Pairies, avec les mêmes prérogatives & privileges que toutes les autres.

Les Rois ses successeurs en ont aussi presque tous érigé de même ; mais le Dauphin Charles V. est à remarquer d'en avoir créé une nouvelle, même durant la prison du Roy Jean son Pere, & de parler ainsi dans les Lettres d'érection qu'il en donna en 1359. *Les Rois pour la conservation & honneur de la Couronne, & pour le conseil & l'aide de la chose publique, ont institué les Pairs qui les assistent ès hauts conseils, & de fidelité entr'eux pareille les accompagnent ès vaillans faits d'armes pour la défense d'iceux Rois & Royaumes.* Et ce qui marque encore bien plus clairement combien les Rois étoient éloignez de cette vaine crainte que l'on veut maintenant donner de la grandeur de la dignité, est l'action du Roy Jean, qui après être sorti de sa prison, fit revivre en 1363. une des anciennes Pairies pour lors éteinte, en donnant le Duché de Bourgogne comme Doyenné des Pairs, à son fils Philippe dit le Hardy. Il ne fit en cela qu'imiter Philippe de Valois son pere, qui avoit fait revivre trente-deux ans auparavant le Duché de Normandie pour le luy donner.

Il est donc visible que les Rois n'ont pas voulu diminuer les droits & l'autorité des Pairs depuis l'établissement du Parlement sedentaire, non plus qu'ils ne l'avoient pas voulu faire auparavant.

5. Mais après tout il est sans doute, que si les anciens Pairs étoient à craindre, c'étoit seulement pour les grands biens & les grands Etats qu'ils possedoient, & non par leur qualité de Pairs, qui au contraire obligeoit à une plus grande fidelité envers le Roy. De sorte que ç'eût été un foible moyen pour s'opposer à la puissance des Rois d'Angleterre Ducs de Guyenne, & à celle des Ducs de Bourgogne & Comtes de Flandres, que de faire tenir reglément deux fois l'année un Parlement à Paris. Car outre qu'il n'y avoit presque rien de nouveau en cet établissement de Philippe le Bel en 1302. sinon un temps plus reglé pour la tenuë de ces Assemblées, un lieu plus fixe, & un nombre plus certain des gens qui les devoient tenir, que dans tous les Parlemens qui s'étoient tenus plus de cent ans auparavant ; il est difficile de s'imaginer quel pouvoit être le pouvoir de ces premiers Maîtres, * ainsi qu'on les appelloit en ce temps-là, ou Presidens par commissions, qui ne servoient que deux mois durant ; & n'étoient pas assurez d'être continuez par une autre tenuë de Parlement, contre les puissantes armées des Rois d'Angleterre, & les grandes forces de ces autres Princes. Philippe le Bel étoit un Prince trop sage, pour se servir de remedes si disproportionnez au mal qu'il eût eu dessein de guerir ; & il agit sans doute avec une conduite bien plus prudente, de se servir des Pairs mêmes qu'il éleva, pour détruire cette puissance étrangere, qui n'étoit point de l'essence de la dignité.

Statuentes quòd Comites Pictavienses Pares sint Francia, & aliorum Francia Parium prærogativis, privilegiis, libertatibus perpetuo gaudeant & utantur.

Lettres d'érection du Comté de Mascon en Pairie.

Philippum filium nostrum Ducem, primumque Parem Francia facimus & creamus ; Volentes quòd tam ipse quàm sui heredes utantur & fruantur perpetuò & pacificè universis & singulis privilegiis, franchisiis, juribus, libertatibus, & prærogativis, quibus usi sunt hactenus, & utuntur cateri Pares Francia, &c.

Propose le Procureur du Roy & dit : Comme plus les Pairs de France sont prés du Roy, & plus ils sont grands dessous luy, de tant sont-ils tenus & plus

astraints de garder les droits & honneur de leur Roy & de la Couronne ; & de ce sont-ils ferment de fidelité plus speciale que les autres sujets du Roy ; & s'ils font ou attentent de faire au contraire, de tant sont-ils plus à punir. *Extrait des Registres du Parlement 2. Fevrier 1364.*

* L'histoire des Presidens imprimée en 1645.

I

REMARQUES

SUR LE SECOND ARTICLE DU MEMOIRE.

Sur le second article du Memoire où il est dit, que le Parlement depuis son établissement sedentaire, a repris son ancien nom de *Cour du
Roy*, & *Cour de France*; au lieu de celui de *Cour des Pairs*, que quelques-
uns luy donnoient *improprement*: Nous remarquerons qu'il s'ensuivroit
de cette maxime, que non seulement tous les Auteurs qui en ont parlé,
en ont parlé improprement; mais aussi les Rois, les Chanceliers, & les
Presidens mêmes du Parlement; puisqu'ils ont tous crû luy faire honneur en l'appellant la *Cour des Pairs*.

Le Jurisconsulte Choppin en aura donc parlé improprement quand
il a dit que la *Cour du Parlement de Paris est* PROPREMENT ET SPE-
CIALEMENT *la Cour des Pairs*, *comme étant celle en laquelle les Pairs de
France ont accoûtumé de rendre la justice, le Roy y seant, & en sa presence, par
lettres Patentes de Charles V.*

En la Cour
des Pairs de
France. *Du
Tillet, chap.
des Princes
du Sang de
France.*

L'Ordre
des Pairs de
France fut
institué, pour
lequel on ap-
pelle le Par-
lement, Cour
des Pairs de
France. *Pas-
quier chap.
10. liv. 1.*

Et d'au-
tant que cela
se vuidoit en
un Parle-
ment, on l'ap-
pella Cour
Pairs *Id.*

Le celebre du Tillet, Greffier en chef du Parlement, que l'on peut
nommer un oracle en cette matiere, & que le President de Thou appelle dans son histoire, *moris nostri & juris Gallici homo peritissimus*; l'Avocat General Pasquier si curieux en ses Recherches; Monsieur Pithou;
l'ancien historien Froissart, & tous les autres Auteurs & Historiens qui
en ont écrit, jusques à celuy qui depuis peu a fait imprimer une histoire des Presidens, en auroient aussi tous parlé improprement, quand ils
ont dit d'une voix commune, que *les Pairs sont instituez pour juger avec le
Roy les grandes causes dans son Parlement, qui pour ce sujet est appellé la Cour des
Pairs, & eux les Pairs de la Cour de France, ou les Pairs de France.* Et ce ne
sont pas seulement les Auteurs particuliers qui en ont parlé de la sorte,
les Roys eux-mêmes dans leurs Édits verifiez en Parlement l'ont aussi
appellé *la Cour des Pairs*; comme entr'autres Loüis XI. dans une declaration verifiée en 1463. Henry II. dans deux autres declarations, l'une
donnée en 1551. & l'autre en 1552. Henry IV. en des lettres données en
faveur du Duc de Montmorency : & Loüis XIII. en l'érection du Duché
de Chevreuse en Pairie en 1612.

Les Pairs
de France sont Conseillers en la Cour de son Royaume, qui pour ce est appellée la Cour des Pairs.
Pithou liv. 1. des Comtes de Champagne & Brie.

Depuis que le Parlement fut fait sedentaire à Paris, les Pairs étant les premiers du Corps, luy ont
laissé le nom de la Cour des Pairs. *Dupleix rom. 1.*

Le Prince de Gales fut ajourné à comparoistre au Parlement des Pairs. *Et un peu après.* A Paris en la
Chambre des Pairs, &c. *Froissart.*

Le lit de Justice ne se tient le plus souvent qu'au Parlement de Paris, qui est la Cour des Pairs.
Du Tillet, discours sur la Seance des Rois au Parlement.

En nostre Parlement qui est la Cour des Pairs. *Loüis XI. en 1463.*

Et pour ce est nostredite Cour du Parlement de Paris appellée la Cour des Pairs; ainsi qu'il est notoire.
La Cour Souveraine du Parlement de Paris, qui est communément appellée la Cour des Pairs. *Henry
II. en 1551.*

Ce qui auroit été verifié en nôtre Cour des Pairs, & encore en celle de Toulouse. *Henry IV. 1597.*
En nostredite Cour des Pairs établis à Paris, *Loüis XIII. 1612.*

Les Prefidens & les Chanceliers n'en ont pas non plus parlé d'autre forte ; comme entr'autres le Chancelier Olivier dans la harangue qu'il fit en 1549. dans le Parlement en prefence de Henry II. Chriftophe de Thou Premier Prefident du Parlement, dont la memoire eft illuftre, dans une affemblée des Chambres en 1563. & le Prefident Seguier, celebre par fa vertu, en des remontrances qu'il fit de la part du Parlement au Roy Charles IX. en 1571. Les Regiftres mêmes du Parlement en parlent de même, & une infinité d'autres actes.

Quant au Teftament de Jean de Popincourt, où ce Prefident fe qualifie Prefident pour le Roy en fon Parlement de Paris, il ne dit en cela rien de nouveau, ny qui foit contraire à ce qu'en difent tous les autres. Que fi en luy donnant le nom de Parlement de Paris, il luy ôtoit celuy de Cour des Pairs, qui feule le diftingue de tous les autres Parlemens du Royaume, & luy donne droit de porter celuy de Cour de France & de Cour du Roy ; il eft certain que ce feroit en parler improprement, & dépoüiller ce premier & plus ancien Parlement de France, du plus grand honneur, de l'avantage le plus confiderable, & du titre le plus glorieux qu'il puiffe jamais recevoir. Car on a fait voir que par le feul titre de Parlement de Paris, il n'eft inftitué que pour le jugement des caufes ordinaires des fujets du Roy, & autres femblables, & n'a nul avantage par deffus les autres Parlemens, finon qu'il eft le premier,* le plus ancien, & dont le reffort a la plus grande étenduë : Mais comme Cour des Pairs, il eft joint à eux pour être le fiege ordinaire de la Cour du Roy, pour juger avec luy les plus grandes caufes, & avoir en ces occafions importantes en qualité d'affeffeurs des Pairs, une Jurifdiction qui s'étende par tout le Royaume ; ce que les autres Parlemens n'ont eu qu'en des occafions extraordinaires & qui font plus rares.

REMARQUES

SUR LE TROISIE'ME ARTICLE DU MEMOIRE.

Le Memoire voulant prouver qu'en la prefence du Roy le rang & la dignité des Prefidens ne diminuë point, fe fert de ces trois raifons. 1. Qu'ils ne quittent point en la prefence même du Roy les habits qui leur ont été donnez comme les marques de la Royauté, & qui font l'ancien habit de nos Rois.

Sur cette premiere raifon, l'on peut remarquer que fi ces fortes d'habits avoient été donnez aux Prefidens pour une marque de l'autorité Royale qu'ils reprefentent & qu'ils exercent dans leurs fonctions, les Rois les leur auroient donnez dés leur premier établiffement. Mais nous avons déja obfervé que ce n'eft que depuis l'an 1400. que la No-

Vôtre Majefté a bien voulu venir honorer la Compagnie de fa prefence, afin de donner autorité à la Juftice fouveraine du Parlement, & à la Cour des Pairs de France 1549. Cette Cour eft celle des Pairs, & le Roy ne veut pas que l'Evêque de Noyon foit traité ailleurs que dans cette Cour, comme Cour des Pairs. Prefident de Thou 11. Septembre 1563. Sire, voftre Cour de Parlement de Paris eft la plus ancienne & premiere Cour de voftre Roïaume, établie à Paris dés le temps du Roy Loüis Hutin : c'eft la Cour des Pairs de France Prefident Seguier Remontrances 1571. Le Cardinal de Tournon a été affis aprés les Cardinaux de Lorraine & de Chaftillon, quoiqu'il fût Doyen des Cardinaux, parce

que c'eft la Cour des Pairs. Seance du 12. Juin 1561.
* Pafquier.

Pasquier dans ses Recherches.

Histoire des Presidens.

blesse qui faisoit profession des armes ayant quitté l'exercice de la justice, tout le Parlement porta des robes & des habits longs. Aussi dans les commencemens prirent-ils la robe sans quitter l'épée, ainsi qu'on voit dans la sepulture de Jacques de Rulli, qui fut fait President en 1403. & étant mort en 1409. fut enterré aux Mathurins, où l'on voit sa statuë l'épée au côté, armé de toutes pieces sous sa longue robe.

Et comme plusieurs de ceux qui ont commencé à porter ces sortes d'habits étoient des personnes doctes aux Loix & dans la Jurisprudence, ou *gens Clercs & lettrez*, comme parle le President de la Vaquerie; ainsi qu'il paroist en un Guy d'Ermenel ou d'Ermenier qualifié Docteur és Loix, & Jean Rupion ou Rapiout Presidens en l'an 1418. dont le dernier fut depuis fait Avocat du Roy au Parlement de Poitiers, tous ceux qui les ont suivi ont porté les mêmes habits; qui outre qu'ils sont des marques de science & de doctrine en ceux qui les portent, ainsi qu'il paroist encore à present en d'autres bien moindres Corps; ils ont encore quelque chose de Majestueux & de grave, qui est bien-seant à des Magistrats, pour imprimer le respect que l'on doit avoir aux Arrests Souverains qu'ils rendent tous les jours au nom du Roy.

Et en effet, ces mêmes habits des Presidens étoient autrefois communs à tous les Conseillers, ainsi qu'il paroist encore dans un ancien Tableau qui est dans le Palais, & dans les comptes des Payeurs de l'an 1475. & 76. & autres, où l'on voit que l'on ne donnoit pour ces robes, que *dix livres* aux uns comme aux autres. Outre que ny ces robes rouges, qui sont encore communes à tous les autres Conseillers, ny ces fourures, ny ces grandes toques appellées mortiers, que d'autres gens bien moindres qu'eux portent en quelques rencontres, n'ont rien de semblable, ny pour la couleur, ny pour la figure, à l'ancien habit de nos Rois; que les vieux portraits & les Histoires témoignent avoir eu la forme d'un grand manteau, lequel n'avoit point de manches, & dont la couleur étoit d'un rouge brun, tirant sur le violet ou tanné, parsemé de fleurs de lis. Que si l'on vouloit prendre droit par les habits, il est indubitable que le manteau Ducal & l'habit que les Pairs portent au Sacre ressemblent à l'ancien Manteau Royal & à l'habit dont les Rois sont revestus à cette auguste ceremonie; & que les Couronnes Ducales ressemblent bien plus aux Royales, que ces grands Mortiers. Mais comme ce ne sont pas les habits, mais les exemples & les raisons qui décident les differends de cette nature, il faut passer à la seconde raison du second Article.

2. Sur ce que dit le Memoire, que comme les Mareschaux de France, quoy qu'ayant un moindre rang que les Ducs, leur commandent dans les armées, conservent cette prérogative, même quand le Roy y est present, de même les Presidens, quoique d'une dignité moindre que les Pairs, les doivent précéder dans le Parlement, & en la presence du Roy même: Il faut remarquer que cette comparaison n'est fondée que sur une pure équivoque. Car dans l'armée où nulle naissance, nulle

dignité

dignité , & nulle autre considération ne donne rang , l'ordre des com-
mandemens ne dépend que des charges & des commissions que le Roy
donne; ensorte que même un Prince du Sang, s'il n'y est que volontaire,
suivra les ordres d'un General ; ainsi que l'on a vû autrefois Henry III.
lorsqu'il n'étoit que Duc d'Anjou, être commandé à la bataille de Saint
Denis par le Connestable de Montmorency ; & le Dauphin François ,
fils du Roy François I. au camp d'Avignon. Et de nostre temps, Monsieur le Prince sous le nom de Duc d'Anguien, a été volontaire dans
les armées commandées par le Maréchal de la Meilleraye. Et tous ces
ordres sont tellement constans & invariables , que la presence du Roy
n'y change rien. Mais il n'en est pas de même dans le Parlement : Car
les Assemblées ordinaires qui s'y tiennent lorsque le Roy n'y est point,
sont des Assemblées toutes differentes de celles où les Pairs assistent,
lorsque les Rois y tiennent leurs Lits de Justice. Et c'est où consiste l'é-
quivoque de cette comparaison. L'armée, soit que le Roy y soit , ou n'y
soit pas, est toûjours la même : mais le Parlement, qui en l'absence du
Roy n'est occupé qu'à juger les causes ordinaires de son ressort , est
tout different de cette Cour des Pairs, ou Cour de France , que le Roy
tient en personne pour juger les grandes causes , & regler les importantes affaires de l'Etat.

Aussi les Rois marquent assez cette difference, par celle qui a de tout
temps été observée dans les Seances des Lits de Justice. Et il ne faut pas Pasquier.
s'étonner si les Pairs y sont dans un si grand lustre, & si élevez au dessus Choppin.
du Parlement; puisque c'est proprement alors leur Cour ; que tous les
autres n'y sont que comme leurs Adjoints & leurs Assesseurs, & que c'est
un renouvellement de ce qui s'est toûjours pratiqué dans les anciens
Parlemens des Pairs. De sorte que quand leur dignité ne seroit pas par
tout ailleurs superieure à celle des Presidens, ainsi qu'elle est en effet,
& qu'elle a toûjours été, elle le seroit sans difficulté dans tous les Lits
de Justice, qui sont comme leur propre tribunal, où ils exercent avec
les Rois leurs illustres fonctions depuis 500. ans.

3. La troisiéme raison dont le Memoire se sert pour prouver que les
Presidens doivent conserver leur autorité en la presence du même Roy,
est, *qu'il est important qu'il y ait outre la personne du Roy quelque chose de la*
Royauté interposé entre luy & le reste de ses sujets, quelque élevation qu'ils puis-
sent avoir; & que ce sont eux qui sont cette ombre & cette representation interposée. Mais cette pensée est assûrement plus subtile qu'elle n'est solide;
puis qu'outre qu'elle tire à consequence contre Messieurs les Princes du
Sang, qui ne doivent rien avoir d'interposé entre eux & le Roy, il est
visible par la Seance que les Rois ont de tout temps donnée aux Pairs aux
hauts sieges, & si prés de leurs personnes, cependant que les Presidens
demeurent en bas ; qu'ils ne sont point cette ombre interposée entre
le Roy & les Pairs : mais plûtôt, que si la Majesté Royale pouvoit souf-
frir quelque ombre dans la lumiere qu'elle répand sur tous ses sujets, ce
seroient les Pairs qui la recevant les premiers, empêcheroient qu'elle

K

ne se répandît avec tant d'éclat sur les Presidens. Et quant à la representation, on n'a jamais oüy dire qu'elle fût considerable, & encore moins necessaire, en la presence de la chose même representée.

REMARQUES

SUR LE QUATRIE'ME ARTICLE DU MEMOIRE

Le quatriéme & cinquiéme article forment un argument que le Memoire a crû sans replique, pour prouver que les Presidens doivent toûjours preceder les Pairs, Car il y fait cette alternative, *Ou les Pairs*, dit-il, *font partie du Parlement, ou ils en font un corps separé. S'ils en font partie, n'étant que Conseillers, ainsi qu'ils en font serment, ils ne peuvent pretendre de preceder ceux qui president dans l'action même où ils font partie de ce corps.*

Sur la premiere partie de cet argument, on peut faire plusieurs remarques. 1. Que ce n'est pas une consequence necessaire que ceux qui president, precedent toûjours les autres dans les Assemblées mêmes où ils president : puisque l'on voit qu'au Conseil Privé du Roy les Chanceliers qui y president y ont quelquefois été precedez par des Princes du Sang & des Connestables qui ne faisoient pas cette fonction. Et comme au Parlement la place du Roy, ainsi qu'au Conseil, n'est jamais occupée de personne, l'on pourroit dire avec assez de fondement que Monseigneur le Dauphin, Messieurs les Princes, & les Pairs, n'y doivent point estre precedez par les Presidens, même en l'absence du Roy & dans les Assemblées ordinaires. Et en effet le banc de Messieurs les Princes du Sang & des Pairs est au côté droit, qui selon du Tillet est le côté le plus honorable : au lieu que celuy des Presidens n'est qu'à la gauche, & encore est-il coupé par le passage qui sert de montée aux hauts sieges, cette ouverture n'ayant pas apparemment été faite sur le banc des Pairs, comme étant plus considerable. Ainsi l'on peut dire que la presidence n'emporte pas toûjours la preseance. Ce n'est pas que dans ces Assemblées ordinaires où le Parlement est en Corps, & dans l'exercice de ses naturelles fonctions, les Pairs qui ne sont pas particulierement établis pour le jugement des causes communes, ne déferent beaucoup aux Presidens, qui sont les moderateurs de ces Assemblées : Mais il n'en est pas de même aux Lits de Justice.

2. Et c'est où il faut remarquer que cette proposition, ainsi que tout le reste du Memoire, ne roule que sur un perpetuel équivoque ; confondant toûjours les Assemblées ordinaires du Parlement avec celles des Lits de Justices. Car en ces dernieres ce ne sont pas proprement les Pairs qui font partie du Corps du Parlement : mais c'est proprement le Parlement qui a l'honneur d'être associé aux Pairs, de faire partie de leur Cour, & de participer par cette association & cette union au titre glorieux de Cour du Roy & de Cour de France.

3. Et comme c'est la presence du Roy assisté de ses Pairs qui change

la face des chofes, & qu'il eft le feul & unique Chef de cette Royale Cour, c'eft auffi luy feul qui y prefide : parce qu'encore que les Chanceliers & Gardes des Sceaux, & même en leur abfence les Prefidens y épargnent aux Rois la peine d'y parler long-temps, de recueillir les voix, & de prononcer ; il eft certain que nul d'eux ne prefide en leur prefence. Auffi l'on voit que le Chancelier ne prononce jamais les Arrefts en fon nom, ni même au nom de la Cour ; mais feulement au nom du Roy, difant ordinairement : *Le Roy feant en fon Parlement a ordonné & ordonne;* ou comme en l'an 1527. & en plufieurs autres Lits de Juftice : *Le Roy feant & prefidant en fa Cour garnie de Pairs.* Et dans l'Arreft fi celebre donné en 1536. par François I. conţre l'Empereur Charles-Quint Comte de Flandres : *Le Roy feant en fa Cour, & ayant eu confeil & meure déliberation avec les Princes de fon Sang & les Pairs de France, & autres fes Confeillers eftant en la Cour, a ordonné & ordonne.* Le Prefident Seguier dit la même chofe en d'autres termes dans fes Remontrances à Charles IX. en 1571. Et cette verité eft connuë de tout le monde.

4. C'eft pourquoi les Prefidens n'y font plus que comme Confeillers pour donner au Roy leurs avis, lefquels mêmes les Rois ne font pas obligez de fuivre : Auffi n'appellent-ils fouvent les *Prefidens que Confeillers.* Nous le venons de voir dans la prononciation de cet Arreft de 1536. qui dit : *Et autres fes Confeillers eftant en la Cour.* Dans le procés de Charles Roy de Navarre en 1386. l'extrait de la Seance du 2. Mars, dit : *Accompagné des Pairs de France, Prelats, Barons, & autres fes Confeillers.* Ce qui eft repeté deux fois dans le même jour. Loüis XI. en reduifant les Officiers du Parlement en 1461. comprend les Prefidens fous le nom des *Confeillers.* L'Advocat du Roy Lizet au Lit de Juftice de François I. en 1521. dit : *Le Roy tenant fa Cour en prefence de plufieurs Princes du Sang, Pairs de France, & de fes Confeillers.* Dans toutes les Ordonnances adreffées au Parlement, les Rois ne mettent que : *Si donnons en mandement à nos améz & feaux Confeillers les Gens tenans noftre Cour de Parlement.* Et en toutes les autres rencontres où ils font appellez *Prefidens,* ils font avant cela nommez *Confeillers,* comme dans un Edit de Reglement du Roy Charles VI. en 1418. où il les appelle *Confeillers & Prefidens.* Loüis XI. parlant d'un Prefident du Parlement qui étoit alors à Poitiers, l'appelle : *Noftre amé & feal Confeiller & Prefident Maiftre Jean Tartas.* Charles IX. en 1561. en a parlé de la même forte : Et les Prefidens mêmes dans leurs titres mettoient *Confeillers,* ainfi qu'il paroît dans l'Epitaphe du Prefident Maiftre Jean Dauvet mort en 1471. & enterré en l'Eglife de Saint Landry à Paris : dans celle de Guillaume de Popaincourt mort en 1480. qui étoit fils de Guillaume de Popaincourt Premier Prefident, dont parle le Memoire : en celle de Chriftophle de Carmone auffi Pre-

Pairs de France & autres fes Confeillers étant en la Cour. François I. 1536.

Nous établiffons és Eftats & offices cy-aprés déclarez. C'eft à fçavoir, Maiftre Philippe de Morvillier noftre Confeiller & premier Prefident en nôtre Cour de Parlement, Guy Ermenel, Docteur és loix, Maiftre Jean Rupion, & Jean de Longueil, Confeillers & Prefidens en noftredite Cour. Charles VI. 1418.

Comme noftre Cour de Parlement foit ordonnée du nombre de cent perfonnes ; fçavoir, de douze Pairs de France, huit Maiftres des Requeftes, & quatre-vingt Confeillers, tant Clercs que Lais. *Et un peu aprés.* C'eft à fçavoir qu'il n'y aura que quarante Confeillers Lais. *Loüis XI. 1461.*

Noftre amé & feal Confeiller & Prefident en noftre Cour Maiftre Chriftophle de Thou.

fident, mort en 1507. & en une infinité d'autres : parce que s'ils font Prefidens à l'égard des Confeillers, & pour les Affemblées ordinaires, ils ne font que Confeillers à l'égard du Roy, & lorfqu'ils affiftent aux Lits de Juftice.

Du Tillet remarque qu'*autrefois tous les Confeillers Laïcs eftoient appellez Prefidens,* parce que le plus ancien de ceux qui étoient prefens prefidoit toûjours. Et dans l'Edit de Philippe le Bel pour l'établiffement du Parlement de Thoulouze, il appelle tous ceux qui le devoient tenir, *Prefidens,* ainfi que Pafquier l'explique dans fes Recherches.

5. Que fi les Prefidens ne font plus que comme Confeillers dans tous les Lits de Juftice, il eft indubitable que les Pairs y étant les premiers, les y doivent preceder. Et leur ferment même, que le Memoire allegue, comme les devant rabaiffer au deffous des Prefidens, eft ce qui les releve infiniment au deffus d'eux. Car les Prefidens n'étant inftituez en qualité de Prefidens, que pour fuger les caufes ordinaires; ils font feulement ferment de garder les Ordonnances dans leurs jugemens & autres chofes femblables, qui ne regardent que la diftribution ordinaire de la juftice. Mais les Pairs qui font établis pour les grandes caufes & les plus importantes affaires d'Etat, font un ferment bien plus noble, & qui leur eft particulier: *De confeiller le Roy dans fes tres-grandes, tres-hautes, & tres-importantes affaires, & de fe comporter en tout comme un fage, vertueux & magnanime Duc & Pair doit faire.* Que fi dans ces derniers temps on y a ajoûté le mot de *Confeiller en Cour Souveraine,* c'eft pour marquer qu'encore que comme Pairs leurs fonctions naturelles ne regardent que les affaires de confequence pour y affifter les Rois de leurs confeils, ils ne laiffent pas auffi d'avoir le droit d'affifter quand il leur plaît au jugement des moindres caufes, & d'avoir entrée, feance, & voix déliberative dans les Affemblées ordinaires du Parlement. En effet, dans le ferment de reception du Duc de Vandofme en 1606. il n'eft point parlé de confeiller en Cour Souveraine, ny en celuy du Duc de Montmorency en 1595.

Le Trône Royal dans les Affemblées où il y a convocation de Pairs de France, eft appellé Lit de Juftice. Harangue du Premier Prefident Lizet au Lit de Juftice de Henry II. en 1548.

Il n'y a donc nulle raifon de douter que dans les Lits de Juftice, qui eft le lieu naturel d'exercer leurs illuftres fonctions, ils n'y doivent preceder en toutes chofes les Prefidens, qui n'y font que comme Confeillers, & tirez de leurs fonctions ordinaires pour y affifter les Pairs.

Le Lit de Juftice du Roy ne fe tient le plus

On voit en effet la preference qu'ils ont fur les Prefidens par la feance honorable que les Rois leur ont de tout temps donnée aux Lits de Juftice, ainfi qu'il eft marqué, même depuis l'établiffement du Parlement fedentaire, dans les plus anciennes feances où l'ordre en a été mis par écrit: comme au procés de Robert d'Artois en 1331. en celuy de Jean de Montfort Duc de Bretagne en 1378. & en tous les autres. Et pour faire voir que ce n'eft pas une feance de hazard, & qui ait été établie fans raifon, c'eft qu'étant fondée fur l'effence même de leur dignité & la grandeur des fonctions qu'ils exercent en ces rencontres, il n'eft pas feulement dit dans ces deux anciens Regiftres, que c'eft l'ordre dans lequel ils étoient dans ces deux Lits de Juftice ; mais que *c'eft comme ils y doivent*

doivent *feoir en jugement en la presence du Roy.* Et de peur que l'on ne crût que la faveur que les Rois ont quelquefois accordée à des personnes qui n'étoient pas Pairs, de les faire feoir aux hauts sieges, n'apportât quelque préjudice à la préeminence des Pairs, François I. ayant fait feoir en son Lit de Justice de 1523. le Duc d'Albanie Prince du Sang d'Ecosse aux hauts sieges, entre le Duc d'Alençon & l'Evêque & Duc de Langres, Pairs de France, pour luy faire honneur, déclara que ce n'étoit que pour cette fois seulement, voulant qu'à l'avenir *les Pairs se feoient toûjours en ses Cours & Conseils les premiers & plus proches de sa personne, selon l'ordre & la dignité de leurs Pairies:* & il ordonna que cette déclaration fût mise dans les Registres. On voit encore dans le Ceremonial imprimé, un écrit de la forme des Lits de Justice, que l'on dit avoir été fait par du Tillet, qui marque la même chose.

Aussi dans toutes les rencontres où ils font nommez avec les Presidens & le Parlement, ils y font toûjours nommez les premiers, ainsi qu'il paroît dans l'Ordonnance de 1461. que nous avons déja rapportée; dans l'Arrest de François I. en 1536, dans une harangue de l'Avocat du Roy à un Lit de Justice du Roy Jean (a) en 1353. & dans tous les autres actes qu'il feroit infini de rapporter. Et comme de tout temps avant l'usurpation de 1610. cette préseance aux Lits de Justice a toûjours emporté l'opinion, le Memoire n'a pas eu sujet de dire, que l'ordre de la feance ne tire point à consequence pour l'opinion; & l'on voit par tout ce que nous venons de dire, que la raison qu'il apporte de la feance des Chanceliers qu'il dit presider à cette Assemblée, est sans fondement; puisque ni luy, ni les Presidens n'y president point, mais le Roy seul accompagné de ses Pairs, qui y étant les premiers en feance & en dignité, y doivent aussi être les premiers en tous les autres honneurs.

D'où il est tres-vrai de conclure, qu'encore que les Pairs & le Parlement ne fassent alors qu'un même Corps, les Pairs doivent neanmoins y preceder en toutes choses les Presidens.

souvent qu'au Parlement de Paris, qui est la Cour des Pairs; & quand il plaist audit Seigneur le tenir ailleurs qu'à Paris, il remet & assigne son Parlement où bon luy semble. Et ce Lit de Justice n'a accoûtumé d'être tenu que pour choses concernant universellement l'Estat du Roy. *Discours sur la Seance des Rois en leurs Cours de Parlement, attribué à du Tillet.*

(a) Le Roy estoit en son Siege, & plusieurs Pairs de France, avec ses Gens de Parlement, *Lit de Justice du Roy Jean en 1353.*

Cette tres-noble & tres-illustre Assemblée de Princes du Sang, Pairs de France, Presidens & Conseillers du Parlement. *Avocat du Roy en 1353. Par le Roy, ses Pairs &*

REMARQUES

SUR LE CINQUIÉME ARTICLE DU MEMOIRE.

Le cinquiéme Article fait la seconde partie de l'argument du Memoire: *Que si les Pairs,* dit-il, *font un Corps separé du Parlement, ils ne peuvent en aucune maniere le preceder.* Et il pretend de le prouver par plusieurs raisons. 1. Parce que le Parlement est le premier de tous les Corps

Conseil. *Lit de Justice contre le Roy de Navarre.* 1386.

Nos amez & feaux Conseillers l'Archevesque de Reims, &c. Nos Presidens, aucuns de nos Maistres des Requestes & Conseillers, &c. *Lits de Justice de 1487. 1523. 1527. 1557.*

Ce jour l'Avocat du Roy Lizet a recité en la presence dudit Seigneur Roy tenant sa Cour de plusieurs Princes du Sang, Pairs de France, & de ses Conseillers. *Lit de Justice de François I. le 15. Février 1521.*

Pairs premiers Officiers de la Couronne. *Pasquier chap. 10. liv. 2.*

L

de l'Etat. 2. Qu'il n'est jamais precedé de personne. 3. Qu'il ne peut être separé du Roy par qui que ce soit, & ne fait qu'un Corps avec luy. 4. Qu'il n'est d'aucun des trois Corps qui composent les Etats Generaux. 5. Qu'il leur est superieur lors même qu'ils sont assemblez.

Encore qu'on ait dit que les Pairs ne font qu'un même Corps avec le Parlement, lorsqu'ils accompagnent les Rois dans les Assemblées des Lits de Justice, il est neanmoins veritable, que le Corps des Pairs comme Pairs, est un Corps d'un autre Ordre & d'une autre dignité, que celuy du Parlement consideré simplement comme Parlement. Car 1. étant Conseillers nez du Roy, selon qu'en parlent tous les Auteurs, leur jurisdiction est ordinaire & naturelle: mais celle des Officiers du Parlement est extraordinaire & subdeleguée. 2. Elle s'étend par toute la France, & celle du Parlement comme Parlement est limitée dans l'étenduë de son ressort. 3. Les Pairs sont essentiellement, & par la nature de leur dignité, les Juges naturels des grandes causes: au lieu que les Officiers du Parlement n'y sont que comme des Adjoints & des Assesseurs pour assister les Pairs quand les Rois les y appellent. 4. Les Rois peuvent assembler quand il leur plaît, le Corps des Pairs, pour terminer les affaires importantes, & y faire assister d'autres personnes, ou d'autres Parlemens, ou seulement des Députez de celuy de Paris, ainsi qu'il s'est pratiqué en plusieurs rencontres, dont l'on pourroit apporter beaucoup d'exemples, non seulement avant l'establissement du Parlement sedentaire, mais encore depuis, & même depuis les derniers temps. 5. Les Pairs, ainsi que le marque leur nom, ne sont pareils qu'entre eux en dignité, en autorité & en puissance. Et comme ils ne sont pas pareils au Roy, parce que le Roy qui est leur Chef, est infiniment au dessus d'eux: de même les Officiers du Parlement ne sont pas pareils à eux, parce qu'ils leur sont inferieurs en dignité; puisque leur fonction n'est que de les assister dans un ordre moins élevé en ces plus importantes rencontres. 6. Les fonctions des Pairs ne sont pas bornées à conseiller le Roy, & à juger avec luy les grandes affaires d'Etat; mais ils paroissent encore avec un éclat qui n'est pas moindre dans les Couronnemens & les Sacres, dans les Assemblées d'Etats generaux, & en d'autres occasions semblables, où ils sont si avantageusement distinguez, non seulement du Parlement, mais encore de tous les autres Grands de l'Etat.

D'où l'on peut conclure pour l'éclaircissement du premier point de cet Article du Memoire, que le Corps des Pairs étant consideré comme distinct & separé de celuy du Parlement, étant le plus ancien, le plus noble, dont le Parlement même a l'honneur d'avoir été tiré, aussi bien que tous les autres Parlemens de France, & duquel celuy de Paris a l'avantage pardessus les autres d'estre le siege ordinaire, doit sans doute passer pour le premier de tous les Corps du Royaume.

Il faut remarquer sur le second point, qui est, *que le Parlement n'est jamais precedé de personne;* que si les Pairs, lorsqu'ils ne font qu'un Corps

---

Marginalia:

Pasquier en ses Recherches.
Choppin tom. 2. liv. 3. du domaine de la Couronne.
Les Pairs sont Conseillers nez du Roy. *Guy Coquille.*
Seances en 1365. 1366. 1369. 1411.
Lit de Justice de 1458. à Vandosme.
Majorité de Charles VI. à Paris.
Declaration de majorité de Charles IX. à Roüen.
Lits de Justice dans les autres Parlemens.
Le devoir & la charge des Pairs est de maintenir la grandeur & majesté de la Couronne de France; donner de bons avis pour le bien public & de l'Etat; se trouver au Conseil Privé du Roy pour deliberer de ce qui s'y propose; assister le Roy de leur presence, s'acheminant en

avec le Parlement, precedent tous ſes Officiers en la preſence du Roy
dans le Palais même; à plus forte raiſon, s'ils faiſoient un Corps ſeparé,
devroient-ils préceder celuy du Parlement en tout autre lieu. Car les
Pairs ne precedent pas ſeulement les Preſidens dans la Seance des Lits
de Juſtice; mais il y a même des exemples où ils les ont précedez hors
de la Grand' Chambre. Comme dans le Lit de Juſtice de Henry II. le
11. Novembre 1551. où il eſt marqué, que le Roy s'étant levé au milieu
de la Seance pour aller oüir la Meſſe du Saint Eſprit en la Grand' Salle,
les Ducs de Guiſe & de Montmorency, & le Marêchal de la Mark, qui
accompagnoient le Roy en cette marche, précederent tous les Preſidens
en y allant, & en revenant en la Grand' Chambre avec le Roy pour
achever la Seance. Et l'on ne trouvera aucun exemple, je ne dis pas
d'obſeques, puiſque les Rois n'y vont point; mais de Proceſſions & de
quelques autres ceremonies que ce ſoit, où les Pairs ayent été precedez
par les Preſidens.

Sur le troiſiéme point, qui eſt, *que le Parlement ne peut eſtre ſeparé du
Roy par qui que ce ſoit, & ne fait qu'un Corps avec luy*; il faut remarquer
que ce ſont veritablement les Pairs qui ſont inſeparables du Roy,
n'ayant que luy pour leur Chef, ſans lequel leur Corps ne ſçauroit être
parfait. Auſſi les Rois ont dit eux-mêmes qu'ils étoient une portion de
leur honneur; & les Auteurs les ont appellez les pierres précieuſes & les
Fleurons de la Couronne, les premiers membres de l'Etat, & les plus
illuſtres portions de la Royauté. Et la relation d'eux au Roy eſt ſi eſſen-
tielle & ſi neceſſaire, qu'il ne peut non plus y avoir de Pairs ſans Roy,
que de ſujets ſans Seigneur: puiſque Pair ſuppoſe neceſſairement un
Seigneur ſuperieur dont il ſoit le premier vaſſal. D'où vient qu'il n'y a
point de Pairs dans les Republiques. Et bien loin que les Pairs ayent
lieu d'exclure les Rois de leurs Aſſemblées, ils n'en peuvent point faire
de conſiderables, que le Roy n'y ſoit comme le Chef inſeparable de
leur Corps. Auſſi le Parlement répondant aux demandes de Charles VII. en 1458. ne dit pas ſeulement que dans ces rencontres tous
les Pairs doivent être appellez, & y aſſiſter quand ils ſont preſens; mais
même *que les Rois y doivent aſſiſter, au moins aux jugemens interlocutoires &
definitifs; & que s'il ſurvenoit quelque empêchement neceſſaire au Roy, il ſeroit
plus convenable de proroger ou continuer l'expedition de l'affaire juſqu'à quelque
autre temps qu'il y pourroit être & vaquer, que d'y commettre autre a ſon abſence.
Et ne ſe trouve point és autres affaires que le Roy ne fuſt preſent & ſeant en ſa
Cour & Majeſté Royale*. La Seance que François I. leur donne pour toûjours le plus prés de la perſonne ſacrée de nos Rois, & qu'ils ont inviolablement conſervée juſqu'à preſent, eſt encore une marque bien autentique, qu'ils n'en doivent jamais être ſeparez par qui que ce ſoit.
Car les Princes du Sang y ſont comme les premiers de leur Corps. Et
pour faire voir par une conſideration bien remarquable l'attachement
des Pairs au Roy, c'eſt que parmi eux il n'y en a aucun, même par re-
preſentation, qui ſoit Preſident, & il n'y a que le Roy ſeul qui ſoit le

*guerre, &c.
Chopin tom.
3. liv. 3. du
domaine de la
Couronne.*

Chef & le Prefident de cet illuftre College , ainfi que l'appellent plufieurs Auteurs. De forte que toute Affemblée des Pairs pour le jugement des grandes caufes , demande neceffairement le Roy pour y
prefider.

Il n'en eft pas de même du Parlement, dans lequel il y a des Prefidens établis pour prefider en l'abfence du Roy dans les Affemblées
ordinaires: parce que le Roy n'étant pas neceffairement le Chef de ce
Corps en propre perfonne, fa prefence n'y eft pas toûjours neceffaire,
& ils peuvent fans luy terminer toutes les affaires dont ils ont été établis les Juges. Que s'ils difent que lorfque le Roy n'y affifte point en
perfonne, il eft au moins neceffaire qu'il y affifte dans la perfonne des
Prefidens qui le reprefentent (quoiqu'il fe foit trouvé des occafions où
le plus ancien Confeiller prefidant a foûtenu en fa perfonne cette reprefentation royale) il fera toûjours vrai de dire, que les Pairs font bien
plus infeparables qu'eux de la Royauté; puifque pour le Parlement la reprefentation du Roy y fuffit; mais pour le Corps des Pairs, la prefence
de fa perfonne même y eft neceffaire.

Sur le quatriéme point de cet Article du Memoire , qui prétend que
*le Parlement ne fait point partie des Etats Generaux , & n'eft d'aucun des trois
Corps qui les compofent* , il faut remarquer que fi les Etats font generaux,
ils comprennent generalement toute la France. Il faudroit donc que le
Parlement ne fift pas partie du Royaume, pour n'en point faire de ces
Etats , où tout le Royaume doit être compris. Et bien loin que le Parlement ne foit d'aucun des trois Corps des Etats, il eft plûtôt vrai de dire
qu'il eft compris dans chacun des trois ; puifqu'entre les Officiers qui le
compofent, auffi-bien que les autres Compagnies Souveraines, il y en
a plufieurs d'Ecclefiaftiques, plufieurs de Gentilshommes, & d'autres
qui ne font ni l'un ni l'autre. Car il faut obferver que dans la députation
des Etats en France, on ne confidere pas les Corps & les Compagnies
particulieres qui font dans tout le Royaume ; mais feulement ce que l'on
appelle les Etats, ou les conditions des fujets du Roy, & qu'on les re-
duit toutes à ces trois Etats, fans regarder de quel Corps particulier de
l'Etat ils font partie. De forte que le Parlement de Paris , auffi bien que
les Parlemens des Provinces , & toutes les autres Compagnies du
Royaume, jufques à celles qui ne font pas Souveraines, peuvent être
comprifes fous deux ou trois de ces Etats : quoiqu il y ait lieu de douter
que dans la députation de la Nobleffe on choifift des Gentilshommes
qui ne feroient pas profeffion des armes & ne porteroient pas l'épée.
En quelques Affemblées de Notables au lieu du Tiers Etat, on y appella des Prefidens de tous les Parlemens de France, qui formoient un
troifiéme Corps fous le nom d'Officiers de Juftice , comme en celle tenuë à Roüen en 1617. Et quelquefois un quatriéme Corps fous le même
nom , comme en celle tenuë à Paris fous Henry II. en 1557. où ils font
nommez avant le Tiers Etat, mais toûjours après l'Eglife & la Nobleffe. Et ce qui eft à remarquer eft, qu'alors les Prefidens, ainfi que

dans

dans le Parlement, fe mettent à genoux en parlant au Roy : Et aprés que Sa Majefté les a fait lever, ils demeurent toûjours debout & découverts.

Le Premier Prefident le Maître fe mit un genoüil en terre, nuë tefte ; ce que firent aufſi les autres Prefidens, & tous les Confeillers, & Sa Majefté leur commanda de fe lever ; mais non de s'afſeoir ni fe couvrir. *Henry II. Lit de Juftice 11. Février 1551.*

Ainfi quand même il feroit vrai que le Parlement ne feroit point partie des Etats Generaux, ce n'eft pas à dire pour cela qu'il leur fuft fuperieur, même quand ils font affemblez, ainfi que le dit le cinquiéme point de cet Article du Memoire. Car les Etats Generaux étant affemblez au nom des Rois & de toute la France, ce font les Rois euxmêmes qui en font les Chefs, & qui font en leur nom des Ordonnances fur tout ce qui s'y refout : De forte qu'être fuperieur à ces Affemblées œcumeniques, ce feroit être fuperieur aux Rois mêmes.

Les paroles du Prefident de la Vaquerie en 1484. & les autres temoignages qui ont cy-devant été rapportez, pour montrer que les Parlemens par leur inftitution, & fans un ordre exprés du Roy, ne fe doivent pas mêler des affaires de l'Etat, prouvent encore affez clairement qu'ils ne font nullement fuperieurs aux Etats Generaux ; puifque les Rois ne convoquent ces Affemblées generales, que pour regler les chofes qui regardent tout le Royaume.

Mais il y a plus : Car les Rois dans ces Etats ne font pas feulement des Edits & des Ordonnances generales pour tout le Royaume, & pour être obfervées par toutes les Cours Souveraines dans leurs jugemens ; mais ils font auffi des Reglemens, qui regardent particulierement les Parlemens ; comme dans les Etats tenus à Paris par le Dauphin Charles V. en 1536. durant la prifon du Roy Jean ; en ceux tenus à Tours aprés la mort de Loüis XI. & depuis en ceux tenus à Orleans en 1560. en ceux de Moulins en 1566. en ceux de Blois en 1579. & en plufieurs autres où les Rois ont fait divers Reglemens, non feulement fur l'âge & les qualitez des Officiers des Cours Souveraines, la forme de leur examen & de leurs receptions, & le nombre des Confeillers ; mais auffi pour tout le refte de ce qui regarde la diftribution de la juftice dans toutes les Cours Souveraines de France ; ainfi qu'il fe voit dans ces Ordonnances, dans le Reglement fait en 1597 par Henry IV. & dans plufieurs autres. Or les Parlemens font fi étroitement obligez à garder ces Ordonnances, que c'eft même une matiere de Requefte Civile contre des Arrefts, lorfqu'elles y ont été violées ; & que les Confeillers, & même les Prefidens, font un ferment particulier de garder lorfqu'on les reçoit. Ce qui marque clairement qu'ils ne font pas fuperieurs aux Etats Generaux, qui parlant au nom du Roy, font ces Reglemens pour toute la France : au lieu que chaque Parlement, comme Parlement, n'en peut faire que pour l'étenduë de fon reffort. Et quoique les Rois envoyent dans les Parlemens toutes ces Ordonnances pour y être verifiées, ce n'eft nullement pour leur attribuer une jurifdiction fuperieure aux Etats Generaux ; puifqu'en leur envoyant auffi leurs autres Edits, ils ne les établiffent pas pour cela fuperieurs à l'autorité Royale dont ils émanent. Mais les Rois ont voulu que leurs

M

Ordonnances fuſſent enregiſtrées dans les Parlemens; parce qu'elles ont force de Loy, que ceux qui adminiſtrent la Juſtice Souveraine envers leurs ſujets, doivent avoir connoiſſance des Loix, ſelon leſquelles ils doivent juger, & que ces Loix ſont inviolablement conſervées dans le dépôt public des Regiſtres. C'eſt pour cela que les Preſidiaux & les autres moindres Cours de Juſtice doivent auſſi enregiſtrer toutes les choſes qui regardent l'étenduë de leur reſſort ſubalterne, & qui leur doivent ſervir de regle dans leurs jugemens. Et bien loin que cet enregiſtrement que l'on appelle auſſi verification, rende les Officiers des Parlemens ſuperieurs aux Etats & à leurs Ordonnances, c'eſt-à-dire à celles que les Rois font par l'avis de ces Aſſemblées generales; c'eſt plûtôt une marque de leur inferiorité & de leur dépendance, de ce qu'ils inferent dans leurs Regiſtres des loix & des ordres qu'ils font indiſpenſablement obligez de ſuivre. Ce n'eſt pas que les Rois ne trouvent bon que dans la verification des Edits particuliers ils ne leur faſſent quelquefois des remontrances; mais il eſt certain que comme ce ne ſont que des avis & des conſeils que ſes Officiers luy donnent pour le bien de ſon ſervice & l'avantage de l'Etat, s'il ne plaiſt pas au Roy de les ſuivre, les Parlemens ſont obligez de déferer aveuglement aux ordres de leur Souverain.

Que ſi l'on conſidere la ſeance honorable qu'ont les Pairs dans ces Aſſemblées d'Etats Generaux, on les y verra, non point comme faiſant partie de la députation des trois Corps; mais plûtôt comme faiſant partie de la Preſidence même avec le Roy qui en eſt le Chef, & ayant l'honneur d'aſſiſter à ſes côtez au jugement qu'il fait de tout ce qui ſe délibere dans les trois Corps des Provinces, & qui eſt enſuite envoyé dans les Parlemens pour y être inviolablement obſervé. Dans les aſſemblées de Notables l'on y voit auſſi les Pairs placez ſous le haut dais aux côtez du Roy ſur des bancs à doſſiers enſuite des Princes du Sang; comme en celle tenuë à Roüen ſous le feu Roy en 1617. Au lieu que le Preſident de Verdun Premier Preſident au Parlement de Paris, & le Preſident Seguier, & les premiers & autres Preſidens deputez des autres Parlemens, étoient placez dans l'aire de la Salle ſur des petits bancs aſſez éloignez de la derniere marche du haut dais du Roy, ainſi que porte la Relation de cette Aſſemblée.

Un Hiſtorien rapporte que c'étoit autrefois aux Pairs à convoquer les Etats de leurs Provinces de la part du Roy; & cela ſe pratiqua en 1534. les Commiſſions pour le Nivernois ayant été adreſſées à Marie d'Albret comme Pair de France. Et il en reſte encore une marque bien conſiderable, en ce qu'aprés Paris, qui eſt le premier fief de France, & qui fut réüni à la Couronne par Hugues Capet, les Députez des Provinces ſont appellez par le Heraut, & ont leur ſeance & voix déliberative ſelon l'ordre & le rang des anciennes Pairies; ceux de Bourgogne les premiers, puis ceux de Normandie, & ainſi des autres.

Mais il ne faut pas s'étonner fi les Pairs ont la premiere place en ces grandes Aſſemblées, puiſqu'elles tiennent lieu de ces anciens Parlemens, où les Pairs, & les Evêques & Barons leurs predeceſſeurs, avoient au deſſous du Roy la premiere autorité. Car les Etats Generaux, comme ils ont été depuis, ne font pas fort anciens, & ce n'eſt que par occaſion que le Tiers Etat y a été appellé. Autrefois il n'y avoit que la Nobleſſe qui eût autorité dans l'Etat; depuis que nos Rois ont été Chrétiens, ils y ont appellé l'Egliſe; & ces deux Corps formoient avec le Roy le Corps de la France dans les Parlemens, qui étoient les ſeuls Etats qui fuſſent alors. Les Pairs Eccleſiaſtiques ou Laïques ont ſuccedé à l'autorité des anciens Evêques & Barons, pour tenir les premieres places dans ces Parlemens generaux, où ils étoient aſſiſtez des autres Evêques & Seigneurs qui y avoient auſſi entrée. Mais comme les Rois ont depuis eu beſoin de ſecours extraordinaires d'argent pour ſubvenir aux neceſſitez de leur Royaume dans les temps fâcheux, cela les a portez à y appeller le Tiers Etat; parce que les particuliers de ce Corps étoient ceux qui y contribuoient davantage, & qu'ils exe-cutoient plus volontairement les choſes quand elles avoient paſſé par leur avis. Le ſage Dauphin Charles V. en uſa ainſi avec prudence & ſuccés durant la priſon du Roy Jean ſon pere; & depuis les Rois qui l'ont ſuivi ont toûjours appellé le Tiers Etat quand ils ont convoqué ces Aſſemblées generales pour le reglement de leur Royaume. De ſorte que le Tiers Etat n'y ayant été ainſi admis que par occaſion, les Rois peuvent toûjours avec les Pairs & ceux de leurs ſujets, dont ils voudront les faire aſſiſter, faire les même Reglemens pour l'avantage de toute la France. Et c'eſt en quoy le Parlement de Paris qui a ce privi-lege & cet honneur particulier, d'être le ſiege ordinaire du Roy & des Pairs, & qui avec eux eſt comme compoſé de trois Etats, pour-roit être veritablement, ſinon ſuperieur, au moins égal aux Etats Generaux, s'il ſe conſideroit comme joint aux Pairs, pour faire en la preſence du Roy & par ſon autorité, des Reglemens pour tout le Royaume.

Mais comme ce n'eſt que par ſa jonction avec les Pairs qu'il poſſede tous ces avantages, dés-lors qu'il s'en voudra détacher, & ſe conſide-rera comme un Corps à part, il ne ſera plus que le Parlement de Pa-ris, & les Rois pourront faire leur Cour, & la Cour des Pairs & la Cour de France dans tout autre Parlement, & toute autre Aſſemblée où ils ſeront aſſiſtez de Pairs de France, ainſi qu'ils ont fait en plu-ſieurs rencontres.

Les anciens Rois établi-rent les plus grands Sei-gneurs Ducs & Comtes, Pairs de la Cour de France, pour tenir le grand Parlement, Audience & Juſtice gene-rale, &c. Et aprés: Les Rois établi-rent les grands Sei-gneurs Pairs du Conſeil, Juſtice, ou Parlement de France, lequel com-mença dés lors à ſervir de reſſort de Juſtice au lieu des an-ciens plaids generaux, Sanes & Conciles te-nus durant la premiere & ſeconde Fa-mille. Et un peu aprés: Et de fait il ſem-ble que les Pairs de France a-voient eſté choiſis pour eſtre Juges aux Parle-mens gene-raux. Fauchet liv. 2. chap. 1. Tribus Galliarum ordinibus non conve-

nientibus, Patricii ipſi (il appelle ainſi les Pairs) trium Ordinum conventum repraſentantes dijudi-cant. Belcarius l. 3. du comment. des affaires de France.

REMARQUES

SUR LE SIXIE'ME ARTICLE DU MEMOIRE.

Le Memoire prétend que les Pairs nouveaux ne font plus au même état que les anciens.

Il est vrai que les Pairs nouveaux ne font pas fi grands Seigneurs ni fi puiffans que les Ducs de Bourgogne, de Normandie & d'Aquitaine, ni que les Comtes de Flandres, de Thouloufe & de Champagne, fi on regarde leurs biens, leurs forces, & l'étenduë de leurs Duchez & de leurs Comtez : mais il est fans doute qu'ils font pareils, fi on confidere la dignité, les droits & les preéminences de leurs Pairies. Ce n'est pas qu'entre les premieres Pairies créées il n'y en eût quelques-unes prefque auffi confiderables que plufieurs des anciennes; comme l'Artois, la Bretagne, l'Anjou, le Poitou, le Berry, l'Auvergne, la Touraine, & autres Provinces. Mais les Rois ayant depuis tres-fage-ment confideré que la dignité de Pair ne dépendoit point de l'étenduë des Pairies; & qu'ainfi ils pouvoient en de moindres Duchez & Comtez, conferver la grandeur & l'éminence de ce titre, ils ont commencé dans ces derniers temps à faire des fucceffeurs aux Pairs anciens, qui avec une moindre puiffance pour ce qui regarde l'étenduë de leurs Seigneuries, foûtiennent la même dignité & le même rang, & joüiffent des mêmes prérogatives & des mêmes droits.

L'étenduë des lieux ne rend point un Comté plus noble & de plus grande qualité & dignité, tout ainfi qu'un Evefché n'a point de plus grande dignité qu'un autre pour eftre plus riche, ou pour avoir un Diocefe de plus grande étenduë. *Choppin tom. 2. liv. 3.*

(a) *Landunenfem Ecclefiam licèt in facultatibus tenuem, inter cæteras Regni noftri, utpote paritate five paragio Regni ejufdem dotatam, excellentiâ nobiliffimam reputamus, &c. Cujus honorem, noftrum, & Regni noftri proprium, arbitramur. Philippe le Bel 1307.*

Et en effet il paroît affez par ce que dit du Tillet, *que le Duc de Bourgogne, quoique le moins renté, étoit le Doyen & le premier de tous les autres;* que l'éminence de la dignité ne dépend point de cette grandeur étrangere qui ne luy est point effentielle. Le Jurifconfulte Chopin dit la même chofe : mais le Roy Philippe le Bel le marque en des termes bien plus avantageux pour les Pairs, lorfqu'écrivant au Pape Clement V. en 1307. il parle ainfi de l'Evêché & Pairie de Laon : (*a*) *Quoique l'Eglife de Laon ait peu de bien, neanmoins étant honorée du titre de Pairie, nous la confiderons comme furpaffant en nobleffe & en excellence toutes les autres de noftre Royaume.* Et un peu aprés. *Nous regardons fon honneur comme faifant partie de noftre propre honneur & de celuy de noftre Royaume.*

C'est pourquoy nous voyons que les Seances des Pairs n'ont jamais été réglées par la grandeur & l'étenduë de leurs Pairies, mais par le feul ordre de l'antiquité de l'érection; ou, comme dit le Regiftre du procés de Robert d'Artois en 1331. *chacun fied premier, felon que premier a efté fait Pair.*

Mais pour prouver plus particulierement que la dignité des nouveaux Pairs est la même que celle des anciens, nous en ferons ici cinq ou fix remarques.

1. Les Rois n'ont créé les Pairies nouvelles que pour tenir lieu des

anciennes

anciennes depuis qu'elles ont commencé à s'éteindre. Le premier fondateur des nouvelles Pairies Philippe le Bel declare, ainsi que nous l'avons déja remarqué, que c'est *pour reparer la difformité que la diminution des anciennes avoit causé sur la face de l'Estat.* Or les nouvelles ne pourroient pas remplir le vuide des anciennes, & reparer les défauts de leur diminution, si elles n'étoient d'une dignité toute pareille. Aussi le même Roy ajoûte en ses mêmes Lettres, *qu'il veut rétablir le lustre de son Trône royal & de son regne par l'éclat & l'ornement de ces anciennes digniteZ.* Les Rois ses successeurs ont parlé de même dans plusieurs érections des nouvelles Pairies qu'ils ont faites ensuite; comme en celle de Guise en l'an 1528. où François I. parle ainsi : *Considerant que nous tenons à present la plûpart des DucheZ & ComteZ qui souloient être tenuës en Pairies de nostre Royaume, comme Bourgogne, Normandie, &c. avons iceluy Duché élevé & érigé en titre, nom & prérogative de Pairs de France, &c.* Et en plusieurs autres ; & même en de plus nouvelles, les Rois *dérogent à ce que l'on pourroit dire que le nombre des anciennes Pairies laïques eût été limité à six.*

2. Les Rois ont déclaré dans toutes les Lettres d'érection, que les nouvelles Pairies doivent joüir des mêmes prérogatives que les anciennes. Philippe le Bel dans ces mêmes Lettres du Comté d'Anjou, dont nous venons de parler, dit qu'il *veut que les Comtes d'Anjou joüissent des mêmes prérogatives & des mêmes droits de Pairie, que son fidelle & bien-amé le Duc de Bourgogne son Compair.* Louïs Hutin son fils dit en celle de Poitou de l'an 1315. *Nous voulons que les Comtes de Poitou soient Pairs de France, & joüissent pour toûjours des prérogatives, privileges & exemptions des autres Pairs de France.* Le Roi Jean dans l'érection de partie du Berry & de l'Auvergne en Duché & Pairie en 1360. dit qu'il *veut que ses Ducs joüissent & usent en toutes choses de tous les honneurs appartenans aux DucheZ & Pairies, avec le nom, les droits, & toute autre prérogative.* Et pour ne pas rapporter ici en particulier les clauses de toutes les autres Pairies créées ensuite, qui sont semblables, il suffit de dire que les Rois déclarent dans les érections des plus nouvelles, qu'ils *veulent que ces Pairs joüissent des mêmes droits, rangs, honneurs, privileges, franchises, exemptions, prérogatives, & prééminences que les autres Pairs du Royaume, & comme les anciens Pairs en ont joüi & usé.*

(a) 3. Plusieurs Auteurs, & les Rois eux-mêmes ont appellé les Pairs nouveaux, *les douZe Pairs,* même depuis l'extinction des anciens, & lors-

vilegiis, libertatibus perpetuo gaudeant & utantur. Loüis Hutin érection de Poictou. 1315.
Omnique Ducatûs & Pariatûs honore cum nomine, jure, & quacunque aliâ prærogativâ latentur pariter & utantur. Le Roi Jean érection de Berry & Auvergne.

(a) Aprés la mort de Charles le Bel, les douze Pairs & Barons de France... Si que par ces raisons les douze Pairs & Barons de France. *Froissart 1. vol. ch. 4. & 22.* où il les nomme encore trois fois les douZe Pairs.
Le Roy eut conseil à ses douze Pairs... Là l'attendoient le Roy Philippe & tous les douze Pairs. *Extrait de Froissart en 1340.*
Sçavoir si les douze Pairs doivent être presens au jugement. *Charles VII. en 1458.*
L'an 1458. manda le Roy aux douze Pairs de France. *Lit de Justice tenu à Vandosme.*

N

(Marginal note:) (a) *Considerâtes insuper quòd duodecim Parium qui in regno nostro antiquitùs esse solebant, adeò diminutus est numerusquod antiquus regni nostri status ex diminutione hujusmodi multipliciter deformatus videatur, &c. Volentes igitur regni nostri solium veterum dignitatum ornatibus reformare.* Philippe le Bel érection d'Anjou 1297. *Omnique Paritatis ejusdem quemadmodum fidelis & dilectus noster Dux Burgundiæ compar ejus jure & prærogativa letetur. Volumus quòd Comites Pictavienses sint Pares Franciæ, & aliorum Franciæ Parium prærogativis, privi—*

qu'il y en avoit un plus grand nombre ; pour marquer qu'en quelque quantité qu'ils foient ; & quelque nouvelle que foit la creation , c'eft toûjours ce même College des anciens Pairs, & qu'ils ont le même honneur & la même autorité.

4. Les Rois étant les fouverains diftributeurs des honneurs & des dignitez dans leur Royaume , il faudroit que ces premiers Rois de la troifiéme Race qui ont inftitué les anciens Pairs, quelques foibles dans le gouvernement de l'Etat que les Auteurs nous les dépeignent , fuffent plus puiffans que les Rois qui les ont fuivi;& que le Roy même qui regne prefentement avec tant d'autorité , tant de gloire & tant de puiffance , fi les Pairs créez dans le dernier fiecle , & dans celui-ci , ne l'avoient pû être avec tant de pouvoir & d'autorité que les anciens. Auffi le celebre du Tillet dit, que *de reconnoiftre les droits des anciens Pairs ; les difputer aux nouveaux , c'eft accufer l'erection, & blâmer le Roy qui l'a faite ; plus que ceux qui l'ont obtenuë.* Et dans le même lieu : *Il faut bien penfer avant que de faire l'erection. Car après qu'elle eft faite , y débattre les rangs & prérogatives, c'eft contredire la puiffance Royale.*

5. L'égalité & la parité étant de l'effence de la dignité de Pair , les Pairs nouveaux ne feroient pas veritablement Pairs, s'ils n'étoient égaux, quant aux droits & aux prérogatives de la Pairie , aux anciens Pairs.

6. Comme les Rois n'ont pas attendu une entiere extinction des fix aciennes Pairies laïques pour en créer de nouvelles, dans le temps qu'il y en avoit encore trois anciennes qui fubfiftoient , il fe rencontre que le Duc de Bourgogne, que le Memoire remarque avoir parlé en 1386. au nom de tous les autres Pairs , en avoit déja vû ériger alors quatorze ou quinze nouvelles, fans qu'il fe relevât jamais au deffus d'eux , que par la feule qualité de plus ancien & de leur Doyen. Les Ducs de Bourgogne qui l'ont fuivi , & qui jufqu'en 1478. en ont encore vû ériger tant d'autres , ont toûjours confideré prés de deux cens ans durant tous ces Pairs nouveaux , comme leurs Confreres & leurs Compairs, ainfi qu'on parloit alors. Les Comtes de Flandres qui ont duré plus long-temps , & les Ducs de Guyenne qui ont fubfifté prés de cent ans depuis la creation de ces nouvelles Pairies, en ont fait de même ; & lorfqu'ils ont été condamnez par ces Pairs nouveaux , ils n'ont jamais prétendu qu'ils euffent moins de droit de les juger que les anciens. Les plus anciennes des nouvelles Pairies en ont ufé de la même forte, envers celles qui ont été pofterieurement érigées , & rien n'a jamais été capable de rompre cette illuftre chaîne qui nous unit encore aujourd'huy avec les fix anciens.

Le Memoire s'efforce bien de le faire en 1582. fous pretexte de la Declaration que donna Henry III. en faveur des Ducs de Joyeufe & d'Efpernon , & au préjudice des droits déja acquis aux Ducs d'Ufez, de la Trimoüille, de Roannez, de Luxembourg & de Ventadour : Mais il faut remarquer. 1. Qu'il n'eftoit queftion que des rangs des Ducs, & que la Declaration ne dit pas un mot des Pairs ; ce que le Me-

moire n'a point diftingué, quoy que ce foit la feule qualité qui donne les rangs dans le Parlement. 2. Que cela ne regardóit nullement les
Prefidens; mais feulement les Officiers de la Couronne. 3. Que comme
cette Declaration étoit contraire & à l'ufage conftant & perpetuel de
l'Etat, & à l'inftitution des Chevaliers de l'Ordre du S. Efprit, faite
feulement quatre ans auparavant par ce même Roy, & aux claufes des
Lettres d'érection de ces cinq Ducs, & à leurs droits acquis & confirmez par une poffeffion de plufieurs années, ainfi que le Duc d'Ufez l'a-
voit fi avantageufement fait paroître à la premiere promotion des Chevaliers de cet Ordre : tout le monde fçait que ces Lettres n'eurent jamais aucun effet; non plus que les deux Declarations faites par le même
Roy un peu auparavant en la même année & la precedente, touchant
l'érection des Duchez. Car il en créa feulement fix nouvelles dans l'année d'après; fçavoir Joyeufe, Efpernon, Piney, Retel, Retz, & Elbœuf,
avec des claufes toutes oppofées à ces deux Declarations. 4. Que les
Rois n'ont pas feulement autorifé le contraire de cet Edit de 1582. dans
toutes les rencontres, foit de baptêmes, ou de voyages, ou d'entrées, ou
d'affemblées de Notables, ou de Chevaliers, ou d'Etats & de toutes
autres ceremonies; mais encore plus expreffément par toutes les Lettres
d'érection de Pairies qu'ils ont créées depuis ce temps-là, dans lefquelles declarant au préjudice de cet Edit qu'ils veulent que ces Pairs nouveaux joüiffent des mêmes droits & privileges que les anciens, *ils déro-*
gent à tous Edits, Coûtumes, Ordonnances, & à tous mandemens, défenfes à ce
contraires, & au dérogatoire des dérogatoires d'icelles : ainfi qu'il paroît dans
les Lettres des premieres Pairies créées depuis cet Edit, auffi-bien que
dans les autres fuivantes. 5. Le Parlement a lui-même verifié toutes
les Lettres nouvelles où ces claufes font inferées.

Mais il a deux autres raifons qui ne fouffrent point de replique, pour
montrer que les nouveaux Pairs ont la même dignité que les anciens :
l'une, que les Pairs Ecclefiaftiques font encore prefentement les mêmes
qu'étoient les fix anciens, & qu'à leur égard on ne peut pas dire qu'ils
ayent en rien changé depuis 500. ans. Or ils ont toûjours reconnu & re-
connoiffent encore à prefent les Pairs nouveaux pour leurs Confreres,
& n'en peuvent être feparez par qui que ce foit : l'autre, que le Parlement luy-même a autrefois reconnu cette verité, lors qu'étant enquis
par Charles VII. il répondit nettement que *les Pairs nouvellement créez*
devoient joüir de pareils privileges & prérogatives que les douze anciens.

REMARQUES

Sur le septie'me Article du Memoire.

Auffi le Memoire témoigne-t-il qu'il n'a que foiblement douté de
cette égalité des Pairs nouveaux avec les douze anciens, ayant ajoûté
que *quand même cela feroit vray, la caufe des Prefidens n'en feroit pas moins bonne.*

Le Memoire avoit déja avancé la même chose au commencement, lorsqu'il dit que les Presidens avoient été instituez *pour préceder les anciens Pairs.* Mais il seroit difficile de persuader par force de raisonnement, que des Rois d'Angleterre ou Princes de Galles Ducs de Guyenne, que des Princes du Sang Ducs de Bourgogne, & que tous ces grands Comtes de Flandres eussent été précedez dans le Parlement, en la presence même du Roy, par ces *Maistres,* & *premiers Maistres,* ainsi qu'on les appelloit alors ; par un Guy Ermenel ou d'Ermenier Docteur és Loix, à qui les Rois ne donnoient pas seulement le nom de Maistre, & par d'autres semblables qui n'étoient pas nobles. Et quand même ils l'eussent tous été en ce temps-là, ainsi qu'il y en avoit alors, & qu'il y en a toûjours eu depuis, il n'y a guere d'apparence qu'ils eussent seulement osé le prétendre.

Le Memoire neanmoins prétend le prouver, en disant que *ce n'est pas d'eux-mêmes qu'ils tirent cette prérogative, mais du Roy qu'ils ont l'honneur de representer.*

Ce raisonnement aussi-bien que presque tous les autres du Memoire, n'est fondé que sur ce même équivoque qui confond les Seances ordinaires avec les Seances des lits de Justice. Car s'il est vray que les Presidens representent le Roy en son absence dans les premieres, il est sans doute qu'ils ne le representent plus dans les autres où il est present ; étant une chose inoüie, & contre la force même & la signification des mots, de representer ce qui est present. Et comme les Presidens reconnoissent eux-mêmes que toutes leurs prérogatives ne viennent pas d'eux, mais seulement de cette representation, ils doivent aussi reconnoître que cette representation venant à cesser, il est necessaire que leurs préro-gatives cessent aussi.

C'est la difference, pour me servir des mêmes raisons qui sont ensuite dans le Memoire, *qu'il y a entre les dignitez réelles & hereditaires qui subsistent en elles-mêmes, & qui ne representent que ce qu'elles sont en effet* ; ou plûtôt qui sont en effet tout ce qu'elles representent, & entre des offices qui n'ont aucune subsistance d'eux-mêmes, & qui ne possedent point cette autorité royale qu'ils representent. Car les dignitez dont sont revestus les Pairs, bien-loin de diminuer d'autorité & de force en la presence du Roy, en reçoivent plûtôt une nouvelle augmentation par l'approche de leur souverain Chef, qui leur communique une portion de son autorité & de son honneur. Au lieu que les offices qu'exercent les Presidens n'étant qu'une legere image, une simple representation, & seulement un ombre de la Royauté, ainsi que parle le Memoire, tout cet honneur superficiel, & ce sombre éclat disparoît aussi-tôt que le soleil de la Majesté royale vient à paroistre.

REMARQUES

REMARQUES
SUR LA SECONDE PARTIE DU MEMOIRE.

COMME l'ancienne poſſeſſion de l'honneur d'opiner eſt déſavan-tageuſe aux Preſidens, le Memoire afin de couvrir ce défaut, s'eſt aviſé de compter en confuſion toutes les Seances, où il prétend qu'ils ont opiné en un rang plus honorable que les Pairs, ayant crû par cet artifice cacher la nouveauté de leur premiere entrepriſe. Mais comme la verité n'a beſoin que d'éclairciſſement pour être connuë, il ne faut que débroüiller cette confuſion affectée, en diſtinguant particulierement les temps où il y a eu quelque changement, pour faire voir à tout le monde, que la prétenduë poſſeſſion des Preſidens a auſſi peu de fondement que le droit que le Memoire s'efforce d'établir à leur faveur.

Ainſi afin de mieux faire connoître comment les choſes ſe ſont paſ-ſées depuis l'établiſſement des Preſidens juſques à preſent, nous diviſerons toute cette ſuite de temps qui contient plus de 330. années, en quatre temps principaux.

Le premier contient prés de 300. ans; c'eſt-à-dire, juſqu'à l'an 1610.
Le ſecond 23. ans, depuis 1610. juſqu'en 1633.
Le troiſiéme 12. ans, depuis 1633. juſqu'en 1645.
Et le quatriéme 17. ans, depuis 1645. juſqu'au commencement de l'année 1662. qui eſt le temps auquel les Pairs ont commencé à s'adreſ-ſer au Roy pour le reglement de ce differend.

PREMIER TEMPS.

Le Memoire, pour ôter créance à ces trois premiers ſiecles qui ont été ſi défavorables aux Préſidens, en ce qui regarde le droit d'opiner, a dit, ſans en apporter aucune preuve, que ce n'étoit que depuis 50. ou 60. ans que l'on y avoit obſervé l'ordre plus exactement qu'auparavant; & ajoûte, qu'auſſi avant 1551. que le Conneſtable de Mont-morency fut fait Duc & Pair, il n'y avoit eu que des Princes du Sang qui euſſent été Pairs de France. Mais il ne conſidere pas qu'alors les Pairies de Guiſe & d'Aumale étoient déja dans la Maiſon de Lorraine, & les Pairies d'Eu & de Nevers dans celles de Cleves; & il n'a pas fait reflexion ſur les anciennes Pairies, qu'il demeure d'accord avoir eu tant de puiſſance & d'honneur, trois deſquelles ont commencé de s'établir, & ont ſubſiſté aſſez long-temps en d'autres mains que des Princes du Sang Royal. Car du Tillet témoigne, & l'Hiſtoire le fait aſſez voir, qu'il n'y avoit au commencement de Princes du Sang de France

Erection de Nevers en Pairie pour Engilbert de Cleves par Loüis XII. en 1505.

Lettres de François I. pour la garde noble du

O

que le feul Duc de Bourgogne, les Comtez de Flandres, de Thouloufe & de Champagne ayant leurs Seigneurs particuliers, dont les
Maifons n'étoient pas affûrément fi illuftres & fi anciennes, que celles
de Lorraine & de Cleves.

Quant aux anciennes Seances, il paroît affez par les vieux Regiftres qui ont marqué celle de 1331. pour le procés de Robert d'Artois,
& de 1378. pour celuy de Iean de Montfort Duc de Bretagne, qu'elles
étoient dés-lors fort bien reglées & à l'avantage des Pairs. Car pour
la premiere, aprés que le Regiftre a marqué le nom des anciens Pairs,
il ajoûte: *Ces Pairs font mis fi comme ils doivent feoir en jugement en prefence
du Roy. Et doivent li Pairs Lais feoir à la dextre, & li Pairs Clers feoir à la
feneftre du Roy.* Et aprés avoir nommé les Pairs nouveaux, il dit, *qu'ils
doivent feoir felon le temps; c'eft à fçavoir, chacun fied premier felon que premier a
efté fait Pair.* Et dans la Seance de 1378. où il eft dit, *que le Roy noftre Sire
eftoit fis en Sa Majefté Royale, en la maniere qu'il a accoûtumé quand il fied
pour Juftice.* Le Regiftre ajoûte, *que les Pairs de France Barons feent à la
dextre du Roy, & les Pairs de France Prelats feent à la feneftre.* Ce qui marque
affez que dés ce tempslà, la Seance honorable des Pairs étoit certaine
& reglée aux hauts fieges aux coftez du Roy, fans que depuis il y ait
jamais rien eu de changé jufques à prefent. Et en effet l'on voit dans
un difcours fait par du Tillet fur la Seance des Rois en leurs Parlemens, que celle des Pairs aux hauts fieges, & des Prefidens aux bas
fieges, eft conftante & invariable dans tous les Lits de Juftice, *lefquels,*
felon ce même difcours, *n'ont accoûtumé de fe tenir que pour chofes concernant
univerfellement l'Eftat du Roy.*

Le Memoire rapporte icy quelques Seances dans les années 1504.
& 1523. où il dit que les Prefidens & les Confeillers ont auffi été aux
hauts fieges.

Mais quand cela feroit, on n'en peut tirer nulle confequence contre
les Pairs. 1. Parce que du Tillet, qui marque qu'en cette premiere
Seance du 16. Decembre 1504. les Prefidens étoient aux hauts fieges,
dit que les Confeillers y étoient auffi, lefquels tout le monde demeure
d'accord ne devoir pas preceder les Pairs; & ainfi les Prefidens n'en
peuvent tirer aucun avantage. 2. Parce que du Tillet ne dit point qu'ils
y ayent opiné avant les Pairs. 3. Parce que du Tillet dit ailleurs que la
droite eft le côté le plus honorable: de forte que les Pairs y étant placez, il y a apparence qu'ils y joüiffoient auffi des autres honneurs.
4. Et enfin parce que du Tillet marque que cette Seance de Loüis XII.
pour la correction de l'amende adjugée contre le Cardinal d'Albret,
fut au plaidoyé. Or il eft certain que dans ces rencontres, les Rois
n'allant au Parlement que pour honorer leur Juftice, ainfi que parle
ce même difcours attribué à du Tillet, & y affifter à la plaidoirie des
caufes des particuliers, pour voir comment s'y rend leur juftice, ils
ne changent rien en ces Seances ordinaires, où le Parlement ne s'occu-
pe qu'à fes naturelles fonctions. C'eft pourquoy les Pairs, les Prefidens

& les Conseillers y doivent tous être assis aux hauts sieges, ainsi qu'ils le sont aux Audiences. Mais lorsque les Rois tiennent leurs Lits de Justice pour les grandes causes; alors c'est la Cour des Pairs, & ce sont eux qui y doivent avoir tous les honneurs.

Quant à la Seance du dernier Juin 1523. non plus qu'aux autres suivantes, il n'est point dit que les Presidens fussent aux hauts sieges, & encore moins avant les Ducs d'Alençon & de Vandosme; puisque quand même ils eussent été placez en haut, c'eût été au côté gauche: au lieu que les Pairs, & même les Ecclesiastiques y furent au côté le plus honorable qui est le droit, ainsi qu'il paroît par la seance que le Roy y donna au Duc d'Albanie Prince du Sang d'Escosse entre le Duc d'Alençon & l'Evêque de Langres. Outre que François I. ayant ordonné en ce même Lit de Justice que *les Pairs seroient toûjours en ses Cours & Conseils les premiers & plus proches de sa personne*, il est indubitable qu'ils y doivent être en un rang plus honorable que les Presidens. Aussi dans les deux Seances des 8. & 9. Mars de la même année, qui étoient seances de Conseil, le Ceremonial François marque les noms des Pairs Laïcs & Clercs avant tous les Presidens.

Et en effet, nous voyons dans la Seance precedente qui fut tenuë en 1521. par le même Roy, que le même Duc d'Alençon est nommé devant; & que dans la Seance d'aprés tenuë en 1527. aussi par le même Roy, où il est dit, *qu'il estoit en son siege & trône royal au parquet du Parlement tenant son Lit de Justice*, le Registre marque que les Pairs, Chevaliers de l'Ordre & grands Seigneurs étant aux hauts sieges au côté droit, & les Pairs Ecclesiastiques au côté gauche, les Presidens n'étoient qu'aux bas sieges. Les Seances du 26. & 27. Juillet, & 16. & 20. Decembre de la même année, portent la même chose, ainsi que toutes les precedentes, en remontant jusqu'à l'établissement des Presidens, dans lesquelles plusieurs Evêques, Marêchaux de France, & autres moindres Officiers & Seigneurs particuliers sont nommez avant tous les Presidens. En sorte qu'à l'exception de ces trois ou quatre exemples, où le Memoire dit que les Presidens furent aux hauts sieges, il n'y en a pas un seul plus de 300. ans durant où ils n'ayent été aux bas sieges, & nommez aprés tous les Pairs.

Mais il y a plus; car dans tous les Lits de Justice où la circonstance de recueillir les voix a été marquée; & même depuis le temps que le Memoire demeure d'accord que les Seances ont commencé à se regler, les Registres du Parlement témoignent que les Pairs y ont toûjours opiné avant tous les Presidens, comme les 16. & 20. Decembre 1527. & le 15. Janvier 1536. sous François I. en 1549. sous Henry II. en 1563. sous Charles IX. en 1581. & en 1583. sous Henry III. & en 1594. sous Henry IV.

Comte de Chaalons, l'Evesque & Comte de Noyon, Pairs de France Clercs, le Duc de Longueville, Maistre Antoine du Prat Chancelier, J. de Selve Premier President, &c.

Dudit jour 8. Mars 1523. en la Grand' Chambre, où estoient le Roy, Messeigneurs les Ducs d'Alençon & de Vandosme, Monsieur le Duc de Longueville, Maistre Antoine du Prat Chancelier, Maistre Jean de Selve Premier, T. Baillet, C. Guillard & A. le Viste Presidens.

Dudit Mercredi 9. Mars 1523. au Conseil à la Grand' Chambre, où estoient le Roy, Messeigneurs les Ducs de Vandosme & d'Alençon, Pairs de France lais, Messieurs l'Evesque &

Mais quand la poſſeſſion des Pairs qui a été ſi conſtante juſqu'en l'an 1610. ne ſeroit pas marquée auſſi clairement qu'elle eſt dans les Regiſtres mêmes du Parlement, les paroles du Garde des Sceaux de Marillac en ſon Traité des Chanceliers ſuffiroient ſeules pour faire voir, que juſques alors les Preſidens n'avoient jamais eu la penſée de le conteſter aux Pairs, & que ce qui s'eſt paſſé en 1610. n'a été qu'une entrepriſe toute nouvelle.

Car ce Garde des Sceaux, dont la réputation le met aſſez à couvert du manque de ſincerité, parlant du dernier Lit de Juſtice de Henry IV. en 1597. dit que le Chancelier de Chiverny y avoit pris les voix des Pairs avant celles des Preſidens, *ſelon l'ancienne coûtume.* Puis en parlant du Lit de Juſtice ſuivant, tenu aux Auguſtins aprés la mort de Henry IV. il dit que le Chancelier de Sillery *introduiſit un ordre, non encore uſité*, en prenant l'avis des Preſidens avant celuy des Princes du Sang & des Pairs. Une autre Relation, ainſi que le marque l'Hiſtoire imprimée des Chanceliers, dit que ce fut *contre l'ancienne coûtume.*

Cette premiere entrepriſe commence le ſecond temps que nous avons marqué juſqu'en 1633. durant lequel cette nouvelle poſſeſſion des Preſidens fut par quatre fois interrompuë : ſçavoir aux Lits de Juſtice de 1616. 1621. 1622. & 1629.

Le Memoire ne demeure pas d'accord de la Seance de 1616. ſur ce que les Regiſtres du Parlement portent que *l'on prit l'avis de la Reine & de tous.* Mais cette Relation obſcure de l'ordre ſelon lequel on y prit les voix, ne déterminant rien de la choſe, & le Garde des Sceaux de Marillac diſant poſitivement que le Garde des Sceaux du Vair alla prendre l'avis des Preſidens avant celuy de tous ceux qui eſtoient des deux côtez aux hauts ſieges, il eſt ſans doute qu'il en doit être plûtôt crû.

Le Memoire demeure bien d'accord que le Lit de Juſtice de 1621. fut pour les Pairs ; mais il s'en défend par une aſſez plaiſante raiſon, diſant que c'étoit parce que le Chancelier de Sillery avoit la goute. Si cette réponſe étoit recevable, il ſeroit bien facile d'éluder tous les autres Lits de Juſtice, où les Chanceliers & Gardes des Sceaux aprés avoir parlé au Roy, n'ont pas pris la peine de deſcendre en bas pour recüeillir l'avis des Preſidens avant que d'aller aux Pairs. Mais il y a apparence que l'on ajoûtera plus de foy à ce que l'on a ſçû de bonne part en être la vraye cauſe, qui eſt que le Chancelier de Sillery avoit eu un tel regret d'avoir été le premier à introduire en faveur des Preſidens cet uſage nouveau & abuſif contre l'uſage ancien & legitime, qu'il voulut reſtituer aux Pairs en 1621. ce qu'il leur avoit injuſtement ôté en 1610. & continua de même en 1622. Car quoiqu'on diſpute aux Pairs ce dernier Lit de Juſtice, parce que les Regiſtres du Parlement

le

Au Lit de Juſtice du Roy au Parlement de Paris le 7. Septembre 1616. Monſieur du Vair Garde des Sceaux recüeillit les avis de cette ſorte: il parla au Roy, puis à la Reine Mere, puis à Monſieur, & à tous les autres Seigneurs qui eſtoient au même banc. De là prit avis des Pairs Eccleſiaſtiques ; puis deſcendit en bas pour prendre avis de Meſſieurs les Preſidens de la Cour. *Paroles du Garde des Sceaux de Marillac.*

le marquent contre eux, feu Monſieur Saintot qui le rapporte en faveur des Pairs, ſemble être en cela un témoin d'autant plus croyable,
qu'il eſt plus deſintereſſé; que ſa charge l'obligeoit à remarquer plus
particulierement toutes ces petites circonſtances, leſquelles les Regiſtres du Parlement qui ſervent principalement de témoignage aux
choſes plus conſiderables & eſſentielles, ne ſont pas obligez d'obſerver
ſi exactement; & que ce ne peut pas être par inadvertance, puiſqu'il
fait ſa remarque à la marge de l'extrait même du Regiſtre, & comme
en étant mieux informé, ou plus ſincere, que n'avoit pas été le Commis du Greffe. Car pour ce qui eſt des choſes importantes, perſonne
ne doit douter de la foy du dépôt public qui ſe conſerve dans ces
Regiſtres. Et après tout en des circonſtances purement de fait, comme eſt celle-là, il n'y a perſonne, ſoit le Greffier ou ſes Commis, ſoit
les Preſidens, ſoit même les Chanceliers, qui ne ſe puiſſe méprendre.
C'eſt pourquoy bien que les Regiſtres marquent encore ce Lit de Juſtice de 1629. en faveur des Preſidens, il y a plus de ſujet d'en croire
ce qu'en dit feu Monſieur Saintot, puiſqu'il en obſerve dans ſes Memoires juſques aux moindres circonſtances, & qu'il remarque avec la
derniere exactitude qu'en ce ſeul Lit de Juſtice *l'on fut deux fois aux opinions dans le même ordre*: c'eſt-à-dire que les Pairs y opinerent toutes les
deux fois avant les Preſidens.

Le Memoire rapporte deux Lits de Juſtice; l'un tenu au Parlement
de Roüen en 1620. & l'autre en celuy de Bordeaux en la même année,
& tous deux à l'avantage des Preſidens. Mais on n'en doit attribuer la
cauſe qu'au mauvais exemple qu'en avoient donné ceux du Parlement
de Paris en 1614. & 1610. puiſque l'on voit un Lit de Juſtice tenu au
même Parlement de Bourdeaux en 1615. lorſque ces premiers exemples
n'avoient pas encore éclaté ſi loin: & dans un autre Lit de Juſtice tenu
en 1563. en celuy de Roüen avant cette premiere entrepriſe, que ſelon
le rapport du Garde des Sceaux de Marillac, les Pairs opinerent avant
les Preſidens. Ce Garde des Sceaux rapporte encore une autre Seance
tenuë deux ans après, ſçavoir en 1565. au Parlement de Thouloſe,
où les Pairs eurent le même avantage.

Il faut auſſi remarquer que toutes les fois que les Preſidens ont opiné avant les Pairs, depuis 1610. juſqu'en 1632. ils ont toûjours opiné
avant Meſſieurs les Princes du Sang; & ce qui ſeroit incroyable, ſi
leur Regiſtre même ne l'avoit marqué, eſt qu'au Lit de Juſtice de
1614. ils opinerent même avant la Reine. De ſorte que toutes ces Seances prouvant trop, ne peuvent rien prouver au deſavantage des Pairs.

Mais en 1632. Meſſieurs les Princes rentrerent dans une paiſible poſſeſſion de leur droit d'opiner avant les Preſidens, enſorte que depuis

Nota, qu'au procés ver-
bal enregiſ-
tré au Parle-
ment en Juin
1622. de ce
qui ſe paſſa
en ce Lit de
Juſtice, où
les opinions
furent reçûës
par Monſieur
le Chance-
lier de Sille-
ry, l'ordre a
eſté *perverty
& tranſpoſé*
par le Com-
mis du Gref-
fe qui l'a
dreſſé, pour
ne pas inter-
rompre la
poſſeſſion des
Preſidens
d'opiner im-
mediatement
aprés le Roy,
où il eſt por-
té que l'on
prit leurs a-
vis avant ce-
luy de Meſ-
ſieurs les
Princes de
Condé & de
Soiſſons, &
des Ducs &
Pairs, *cela ſe
trouvant
faux*. Car il
monta au
Roy, puis
prit l'avis
des Cardi-
naux, &
aprés celuy
des Princes,
Ducs & Pairs
& Mareſ-
chaux de
France: &
deſcendit
pour pren-
dre celuy des
Preſidens.
*Paroles écri-
tes de la main
de Monſieur*

Saintot à la marge de ſon Regiſtre.

Monſieur le Garde des Sceaux du Vair ayant receu la volonté du Roy, prit l'avis des Cardinaux,
Ducs & Pairs & Mareſchaux de France; & deſcendit aux Preſidens qui ayant eſté d'avis de faire
quelques remonſtrances ſur l'Edit, Monſieur le Garde des Sceaux retourna encore aux opinions dans le
même ordre. *Paroles de feu M. Saintot au même lieu.*

elle n'a jamais été interrompuë. Le Memoire en attribuë la feule caufe au feu Cardinal de Richelieu, & fait un long difcours contre la memoire de ce grand Miniftre, qui a rendu en fon temps de fi grands fervices à cet Etat. Mais les Prefidens n'ont pas fujet de fe plaindre, fi ce Cardinal a porté le feu Roy à faire rendre en cette occafion aux Princes de fon Sang Royal, l'honneur & le refpect qui leur eft fi juftement dû; outre que depuis ils font toûjours demeurez d'accord de leur ceder cet avantage de l'opinion. Or le leur cedant, ils n'ont nulle raifon de le contefter aux Pairs, puifque Meffieurs les Princes du Sang ne prennent Seance dans le Parlement que comme les premiers des Pairs, ou Pairs nez; & que dans les Affemblées ordinaires qui fervent d'unique fondement à la prétention des Prefidens, Meffieurs les Princes du Sang n'y font pas plus avantageufement traitez en ce qui regarde l'opinion, que les autres Pairs.

TROISIEME TEMPS.

Dans le Lit de Juftice de l'année fuivante 1633. les Pairs rentrerent dans leur ancienne poffeffion, & s'y maintinrent douze ans durant, fans qu'elle ait été interrompuë en quelque Lit de Juftice que ce foit, jufques aprés la mort du feu Roy.

Le Memoire attribuë auffi ce changement au Cardinal de Richelieu, comme s'il y avoit contribué, en haine de ce que les Prefidens s'étoient plaints de ce qu'il avoit opiné avec Meffieurs les Princes du Sang, & de ce qu'ils l'avoient empêché de paffer dans le Parquet, ainfi qu'il avoit voulu faire, pour acquerir ce droit à fes fucceffeurs Ducs de Richelieu. Comme fi ces droits extraordinaires, & qui ne font point marquez dans les Lettres d'érection, pouvoient eftre acquis à des fucceffeurs par une feule action, & qu'il fût neceffaire d'aller rechercher fi loin les raifons d'une chofe qui étoit fi fort dans l'ordre & fi legitime. Et en effet, bien loin de blâmer en cette occafion le Cardinal de Richelieu, il merite beaucoup de loüanges, d'avoir contribué par la vigueur & la prudence de fes confeils à rétablir l'ancien ordre, qui n'avoit alors commencé à eftre violé que depuis vingt-deux ans, & encore dans une Minorité, & durant le commencement d'un Regne plein de troubles & de mouvemens.

Les remarques que l'on a ajoûtées à la marge du Memoire, lefquelles font voir clairement que l'on avoit lû celuy des Pairs, obfervent que le Lit de 1643. étoit une Seance de confeil, où l'honneur confifte à opiner le dernier; & qu'ainfi les Prefidens y ayant opiné aprés les Pairs, ils y eurent tout l'avantage. Mais fi cela étoit veritable, on pourroit conclure que les Pairs y auroient opiné en un rang plus honorable que Monfieur le Prince, & Monfieur le Prince en un rang plus honorable que Monfieur le Duc d'Orleans, & Monfieur le Duc d'Orleans en un rang plus élevé que la Reine même; puifque la Reine Mere com-

mença, que Monfieur le Duc d'Orleans la fuivit, que Monfieur le
Prince opina enfuite, & que les Pairs opinerent aprés la Maifon Royale.
Et d'ailleurs, tout le refte du Parlement ayant opiné aprés les Pairs,
auroit donc opiné en un rang plus honorable ? De forte que l'on ne
peut dire que les Prefidens y ayent eu l'avantage. Outre que felon le
difcours attribué à du Tillet, dont nous avons déja parlé, les Rois &
les Pairs, & les Prefidens doivent tous eftre aux bas fieges en ces Seances de Confeil.

Auffi les Pairs prétendent que quelque changement qu'on introdui-
fe en la maniere d'opiner, on le peut faire à leur préjudice, & que
foit que le Roy tienne une Seance de Confeil, ou une Seance d'un autre nom, ils doivent toûjours en fa prefence, lorfqu'il tient fa Cour
des Pairs, opiner dans le rang le plus honorable; c'eft-à-dire, les premiers, lorfque l'honneur confifte à opiner le premier; & les derniers,
lorfque l'honneur confifte à opiner le dernier. Et en effet, les Pairs
confervant toûjours l'avantage de leur Seance aux hauts fieges, &
ayant toutes les mêmes raifons de preéminence fur les Prefidens, qui
ont été dites en toutes les Seances où le Roy fe trouve prefent, il n'y
a nulle raifon & nul fondement de leur ravir l'honneur de l'opinion
fous pretexte d'une petite formalité, qui ne doit pas y caufer un changement fi effentiel. Outre que ces formes & ces manieres du Palais
étant au deffous de la connoiffance des Rois, il ne dépendroit que de
l'intelligence d'un Chancelier ou d'un Garde des Sceaux avec les Prefidens, pour ôter aux Pairs une partie de l'honneur que leurs dignitez
leur donnent droit d'avoir dans tous les Lits de Juftice.

QUATRIEME ET DERNIER TEMPS.

Le quatriéme & dernier temps a commencé au Lit de Juftice de
1645. Et comme c'étoit un temps de Minorité, il n'eft pas étrange que
les Pairs y ayent perdu la feconde poffeffion où la force de leur ancien
droit les avoit maintenus douze années. Et comme cette Minorité a
été agitée & fuivie de mouvemens, de troubles & de defordres, il eft
encore moins étrange que les Prefidens y ayent continué cette feconde
ufurpation durant 17. ou 18. ans, malgré les proteftations & les difficultez d'opiner aprés eux, que plufieurs Pairs ont fouvent faites en
divers Lits de Juftice.

Mais enfin l'autorité Royale étant pleinement rétablie depuis la
Paix, les Pairs ont commencé à réclamer contre cette injufte poffeffion.
Ils fe font adreffez au Roy, pour leur en faire juftice, il y a déja plus
de deux ans; & Sa Majefté la leur ayant fait efperer avec beaucoup de
bonté, leur déclara que jufques à ce que la chofe fût décidée, tout ce
qui fe pafferoit en ces rencontres ne tireroit point à confequence.

Mais il y a plus. Car au Lit de Juftice du 27. Février 1662. les Pairs
s'étant levez lorfque M. le Chancelier alla demander l'avis à Meffieurs

les Princes du Sang, ils opinerent en ce même temps, & pas un ne voulut opiner, après que M. le Chancelier fut descendu aux Presidens. De sorte que le Memoire n'a pas sujet de compter pour les Presidens ce Lit de Justice, non plus que le dernier de 1663. où l'on fit opiner ainsi qu'au Conseil, puisque le Roy avoit fait l'honneur de dire à quelques-uns des Pairs avant que d'aller au Palais, que cette Seance ne leur pourroit prejudicier.

De tout ce qui a été dit dans les Remarques de cette seconde partie, l'on peut conclure que le droit ancien des Pairs ayant été confirmé par une possession de 300. ans, n'a pû se perdre par une usurpation faite sans raison & sans fondement, sans aucun ordre de la part du Roy, sans aucune Declaration émanée de son autorité souveraine, dans la conjoncture de la mort de Henry le Grand, & dans un temps de Minorité; puisque si une entreprise de cette nature s'autorisoit de la sorte, il n'y auroit point de droit, quelque juste & quelque inviolable qu'il pût être, ni de possession, quelque longue & quelque confirmée qu'elle fût, qui pût jamais être en assûrance. Or si le droit des Pairs n'a pas pû se perdre par cet acte d'usurpation de 1610. il n'a pas pû non plus recevoir d'atteinte par une possession de 22. ans, qui a été interrompuë par quatre fois, & qui a tout à fait cessé en 1633. Et cette paisible possession que les Pairs ont euë ensuite durant douze ans sans aucune interruption, a été sans doute plus que suffisante pour abolir & effacer entierement tout ce qui s'étoit passé d'irregulier & d'illegitime depuis cette premiere entreprise.

Que si une seconde Minorité a fait une seconde fois interrompre cette ancienne possession des Pairs; & si une suite de mouvemens & de troubles qui ont agité l'Etat, les a empêchez d'y pouvoir rentrer jusqu'à l'entier rétablissement de l'autorité Royale, on ne peut pas pour cela pretendre contre eux qu'une possession ou plûtôt une usurpation de 17. ans, puisse prescrire contre un droit aussi ancien, aussi essentiel à leur dignité, & aussi constamment établi qu'est celuy d'opiner les premiers aux Lits de Justice: puisque pour un simple arpent de terre il faut pour prescrire au moins trente ans de possession.

CONCLUSION.

La conclusion que le Memoire prétend tirer de tout ce qu'il avance à l'avantage des Presidens, est que *le Roy est plus interessé à conserver la préeminence du Parlement, parce qu'ils n'ont d'autre autorité que celle du Roy; qu'ils dépendent immediatement de luy, & qu'ils n'agissent que sous son nom: Au lieu que les Pairs ont en quelque maniere leur rang attaché à la naissance & à des dignitez hereditaires, ausquelles on peut dire que le Roy n'a point de part que lorsqu'il les donne.*

L'on peut faire sur cela plusieurs remarques.

1. Que les Pairs étant les membres du Corps dont le Roy est non
seulement

feulement l'unique Chef, mais le Chef fi abfolument neceffaire, qu'ainfi qu'il a déja efté dit, il ne peut eftre fuppléé par aucune reprefentation que ce foit; il n'y a point d'union plus étroite, de liaifon plus infepara-ble, ny de dépendance plus effentielle que la leur avec le Roy, fans le-quel non feulement ils ne peuvent point, comme Pairs, rien faire de confiderable, mais même ne peuvent pas eftre Pairs. Mais les Prefi-dens prétendant, au moins par reprefentation, eftre ce Chef même, ils n'ont point de liaifon fi neceffaire avec luy, puifqu'ils pourroient eftre Prefidens fans luy, ainfi qu'il y en a en des Etats qui ne font pas monarchiques; & qu'ils s'affemblent & agiffent fans luy dans toutes leurs Affemblées ordinaires.

2. Que les Pairs comme membres & portions de la Couronne, com-me fes gardes & fes défenfeurs, & comme eftant inftituez pour la maintenir & par leur épée & par leurs confeils, ainfi qu'en parlent les Rois mêmes, font obligez plus étroitement que perfonne à la confervation de la Royauté, en font un ferment de fidelité plus particuliere que tous les autres; parce qu'il y va tellement de leur intereft de la mainte-nir, que plus le Royaume eft puiffant, & plus l'autorité Royale eft en fa force, plus la leur qui n'en eft que la reprefentation doit diminuer & s'affoiblir. D'où vient que leur pouvoir eft ordinairement bien moindre dans les Majoritez que dans les Regences.

3. Que les Pairs n'ayant reçû par leur dignité qu'une portion de l'honneur & de l'autorité Royale, ils ne peuvent jamais paroiftre autre-ment que comme des membres de la Royauté, qui ont neceffairement au deffus d'eux le Roy pour leur Chef, dans lequel feul refide la pleni-tude d'honneur & d'autorité. De forte que ne reprefentant que ce qu'ils font, il ne leur eft pas poffible d'abufer de l'autorité qui leur a été com-muniquée. Mais les Prefidens ayant reçû, ainfi que parle le Memoire, les marques même de la Royauté qu'ils reprefentent en tout ce qui regar-de leurs fonctions; & leur autorité n'étant autre chofe que le pouvoir même & l'autorité Royale, au moins par reprefentation & par exercice, il eft certain qu'il leur feroit bien plus facile d'en abufer.

Rex Angliæ eft Par Regni Franciæ pro Ducatu Aquitaniæ tenet in feodoligio à praditto Domino noftro Rege; qua de caufa ad omnem fidelitatem & confervationem falutis & honoris Domini Regis Franciæ dictus Rex Angliæ tenetur, tam de ratione quàm de jure. Acte de Philippe de Valois en 1337. *Les Pairs de France & Patrices font membres du Roy & de la Couronne de France ils font comme les Patrices de l'Empereur, les principaux Confeillers du Royaume,*

les *pierres precieufes qui font à la Couronne du Roy*, & font *partie de fon corps.* Et pour caufe de leurs Pairies ils mettent la main à la coronation du Roy, jugent avec lui, le confeillent és affaires qui tou-chent le Royaume, luy aident en fes guerres pour la défenfe de la Couronne. *Extrait des Re-giftres du Parlement, contenant les raifons alleguées par Jean de Montfort Duc de Bretagne en 1340.*

Le Cardinal de Boulogne dit au Roy de Navarre, Vous eftes fon homme & fon Pair. *Lit de Juftice du Roy Jean en 1353.*

Il doit eftre remontré par lefdits trois Etats à Monfieur de Bourgogne ... qu'il eft auffi Pair de Fran-ce, & qu'il doit garder les droits de la Couronne, & s'employer au bien du Royaume, *Etats generaux tenus à Toure en 1467.*

La préeminence que le Roy a à caufe de fa Couronne, & auffi les Pairs à caufe de leurs Pairies, & com-me ils doivent eftre protecteurs & gardes de la Couronne. *Difcours de Jean Magiftri Advocat du Roy au lit de Juftice de Charles VIII. en 1487.*

Cujus honorem, noftrum, & Regni noftri proprium arbitramur. Philippe le Bel écrivant au Pape Cle-ment V. en 1307.

Le Procureur General du Roy propofa que les Pairs furent créez pour foûtenir la Couronne, comme les Electeurs furent ordonnez pour foûtenement de l'Empire en 1410. *dans le Parlement.*

Q

4. Qu'en effet les Pairs, nonobſtant ce que dit le Memoire, ont donné en tous les temps des marques ſi ſignalées de leur zele & de leur fidélité pour la Couronne, & y ont rendu de ſi grands & de ſi importans ſervices à l'Etat, qu'il ne s'en trouvera aucun, qui en qualité de Pair, & en ce qui regarde les fonctions à quoy l'oblige ſa dignité, ait manqué eſſentiellement à ſon devoir. Car s'il y en a quelqu'un qui en ſoit ſorti, ce n'a point eſté pour avoir abuſé de l'exercice de ces éminentes fonctions, mais par d'autres voyes & d'autres moyens qui n'avoient rien de commun avec les droits de la dignité. Mais s'il y a jamais eu des Preſidens qui ſe ſoient éloignez de leur devoir, ou qui s'en éloignent à l'avenir, (ce que le Roy n'a pas lieu de craindre de la fidelité de ceux qui le ſont preſentement) il eſt ſans doute que ce ne peut eſtre qu'en n'uſant pas comme ils doivent de cette autorité royale qu'ils repreſentent, & dont ils ſont exterieurement reveſtus.

5. Que jamais les Pairs ne ſe ſont unis enſemble contre leur devoir ; que tout le Corps entier n'a jamais manqué, & qu'il eſt même comme impoſſible que cela puiſſe être ; puiſqu'ayant tous des intereſts particuliers & differens les uns des autres, il eſt viſible que tous ces intereſts ne ſe pourroient jamais accorder contre leur devoir. Auſſi l'hiſtoire temoigne-t-elle que toutes les fois que quelqu'un des Pairs s'eſt oublié de la ſoûmiſſion qu'il devoit au Roy, tous les autres s'étant auſſi-tôt unis pour vanger l'injure faite à cette autorité Royale dont ils ſont les principaux défenſeurs, l'ont condamné d'un commun accord. Il n'en eſt pas de même des Officiers des Compagnies, dont les particuliers entrant tous dans un intereſt commun, ne ſe déſuniſſent gueres, mais s'entreſoûtiennent ordinairement les uns les autres.

6. Que les Rois ont une telle part dans les Pairies, dans leſquelles ils ont communiqué une portion de leur autorité & de leur honneur, qu'ils les peuvent conſiderer comme quelque choſe d'eux-mêmes qui reſide en ces éminentes dignitez, & qui les anime tant qu'elles durent, pour retourner lorſqu'elles s'éteignent à cette ſource primitive de toute grandeur. Et d'autre part les Pairs ont lieu de ſe conſiderer non ſeulement comme des portions & des membres de la Royauté ; mais même comme des ouvrages & des creatures des Rois qui les ont faits & créez Pairs ; & ils en demeurent d'autant plus étroitement obligez à leur bonté exceſſive & toute Royale, qu'ils ont rendu en leurs perſonnes ou en celles de leurs anceſtres, cette faveur qui n'a point de prix, hereditaire dans leurs familles, comme pour en perpetuer la reconnoiſſance. Mais les charges des Preſidens n'étant plus en la diſpoſition des Rois depuis qu'elles ſont venales, il eſt vray de dire qu'ils n'y ont plus guere de part, depuis qu'ils ont une fois ſouffert qu'elles entraſſent dans le commerce. Et celles même qui ſe donnent ou qui s'obtiennent avec agréement n'étant qu'à vie, impriment une plus foible reconnoiſſance & un bien moindre attachement d'obligation dans l'ame de ceux qui reçoivent cette grace paſſagere, & qui n'eſt que pour un temps.

D'où il faut conclure que le Roy a bien plus d'intereſt d'élever les Pairs que les Preſidens ; puiſque le Roy n'a rien à craindre de la part des Pairs ; qu'il en peut eſperer toute ſorte de ſervices ; que c'eſt , ainſi que parloit autrefois le Duc de Bourgogne, *la premiere dignité de l'Etat* ; mais une dignité ſi particuliere à la France, que nul Royaume, je ne dis pas de l'Europe, mais de tout le monde, n'en a de ſemblables ; & enfin, que c'eſt aux Rois le moyen le plus facile & le plus avantageux pour re-compenſer, ou la naiſſance, ou le merite, ou les ſervices de ceux qu'il leur plaiſt d'entre leurs ſujets.

Mais outre que Sa Majeſté eſt aſſez éclairée par elle-même pour con-noître mieux que perſonne ce qui eſt veritablement de ſon intereſt, il eſt viſible par la maniere dont elle gouverne, qu'elle met ſon premier in-tereſt à faire juſtice, & à rétablir durant ſon regne tout ce que dans les ſiecles paſſez ou la mauvaiſe adminiſtration, ou la foibleſſe du gouver-nement, ou les troubles de l'Etat y avoient cauſé de déreglement & de deſordre. Et comme le Parlement ne ſouffre aucune diminution de ſa legitime autorité dans cette rencontre, où ne s'agiſſant que de l'intereſt des Preſidens qui ſe veulent ſeparer des Conſeillers pour ſe mettre au deſſus des Pairs, il n'y avoit nulle neceſſité d'aſſembler tout le Corps pour un differend particulier ; les Pairs ont tout ſujet d'eſperer que dans les temps calmes & tranquilles dont nous joüiſſons, cette autorité royale qui eſt en veneration par tout le monde, s'employera à relever la plus éminente dignité qui puiſſe orner ſon Etat, & à reduire dans leurs bor-nes anciennes & legitimes les pretentions que les Preſidens ont formées depuis quelque temps contre les juſtes droits des Pairs & leurs anciennes prérogatives.

Combien, mon tres-cher Sei-gneur, que je ſois non ſeu-lement Pair de France, mais Doyen des Pairs, qui eſt la pre-miere digni-té, nobleſſe, & préroga-tive qui à cauſe de Sei-gneurie ſoit en ce Royau-me aprés la Couronne. Paroles du Duc de Bour-gogne au Roy Charles VI. en 1415. Es uſages de fiefs le Duc eſt le premier aprés le Roy. Du Tillet du rang des Grands de France.

Ce *Memoire a eſté preſenté au Roy à Saint Germain en Laye le* Mars 1664. *par les Pairs, & ſigné de ceux qui ſuivent.*

L'Evêque & Duc de Laon.
L'Evêque & Duc de Langres.
L'Evêque & Comte de Noyon.
Le Duc de Guyſe.
Le Duc d'Uzez.
Le Duc d'Elbeuf.
Le Duc de Montbazon.
Le Duc de Sully.
Le Duc de Luynes.
Le Duc de Briſſac.
Le Duc de Chaulnes.
Le Duc de Richelieu.

Le Duc de Rets.
Le Duc de Saint-Simon.
Le Duc de Grammont.
Le Duc de Villeroy.
Le Duc de Mortemar.
Le Duc de Crequy.
Le Duc de S. Aignan.
Le Duc de Randan.
Le Duc de Liancour.
Le Duc de Noailles.
Le Duc de Coaſlin.

SECOND MEMOIRE

DES

PRESIDENS AU MORTIER,

Pour servir de Réponse au troisième & dernier
Memoire des Pairs.

LE Parlement avoit sujet de desirer qu'on luy donnât communication des moyens sur lesquels les Pairs appuyent leur prétention pour le rang d'opiner dans les Lits de Justice, avant que de faire voir aucune chose de sa part. Car comme les Pairs sont demandeurs, & veulent luy ôter une tres-longue possession, il étoit de l'ordre qu'il connût quelle étoit leur demande avant que d'y répondre.

Neanmoins pour satisfaire avec plus de diligence & d'exactitude à la volonté du Roy, il n'a point voulu differer à rendre compte à Sa Majesté de la possession dans laquelle il est depuis un si long-temps : Il y a ajoûté les raisons sur lesquelles cette possession a été établie, sans avoir aucune connoissance de ce que ceux qui l'attaquent luy veulent opposer, & il n'a rien reservé à dire pour soûtenir en cette occasion les droits du Roy, qui sont toûjours inseparables du rang que les Officiers de Sa Majesté doivent avoir, & de la consideration en laquelle ils doivent être.

Ces Memoires du Parlement ont été publics ; les Pairs les ont vûs aussi-tôt qu'ils ont été dressez, & ainsi ils ont pris d'abord cet avantage, qu'avant que de faire connoître leurs raisons, ils ont sçû toutes celles qui leur pouvoient être contraires.

Ils ont seulement communiqué une Requeste dressée (comme l'on sçait) il y a deux ans, qui ne contient que des choses generales, & qui se détruisent si fort d'elles-mêmes, qu'elles ne méritent quasi pas de réponse : Et en même temps ils ont mis tous leur principaux moyens, & tout ce qu'ils ont crû pouvoir servir à leur cause dans un grand Memoire qu'ils veulent faire passer pour réponse à ceux du Parlement, duquel ils ont ôté la connoissance par un secret extraordinaire, quoi-qu'il soit en effet la veritable demande.

Cependant il n'est pas difficile de donner de belles couleurs à une cause, & de la mettre dans un jour avantageux, quand on rompt de

R.

la forte les mefures à tout ce qu'on y pourroit répondre; & fi cela eft contre l'ordre en toute autre conteftation, il l'eft encore davantage en celle-cy : Car comme elle touche beaucoup de faits qui fe trouvent affez obfcurs, lorfqu'on veut remonter dans l'antiquité, & que plufieurs Auteurs en ont parlé, fans avoir penetré ce qu'il y a de veritable; il eft aifé, quand on ne craint pas d'être contredit, d'avancer beaucoup de chofes qui femblent être appuyées par des autoritez, & qui paroiffent d'abord auffi éclatantes, qu'elles fe trouveroient en effet peu folides, fi elles étoient bien éclairées.

Il eft vrai que fi ceux qui travaillent depuis fi long-temps à ce dernier écrit, n'ont pas eu plus de foin de s'affûrer de la verité des Memoires dont ils fe font fervis, que ceux qui ont dreffé cette première Requefte, les Pairs ont grand interêt d'empêcher que le Parlement n'en ait aucune connoiffance.

Mais il eft auffi tout à fait important pour luy, que cette caufe ne foit point decidée fans qu'il ait communication, fuivant les Ordonnances de tout temps obfervées dans ce Royaume, des moyens dont les Pairs font tant de bruit, & par lefquelles feulement ils prétendent foûtenir leur demande.

C'eft pourquoy l'on efpere de la juftice & de la bonté du Roy, que quand Sa Majefté aura fait reflexion, qu'il a été tout-à-fait inutile au Parlement qu'on luy ait communiqué cette Requefte; puifqu'il n'y paroît rien de confiderable, & que l'on n'y répond que par un effet d'obéiffance toute entiere, Elle aura bien agréable la tres-humble & tres-inftante fupplication que fon Parlement luy a déja faite, & qu'il luy réïtere encore, de ne point fouffrir que les Pairs prennent cet avantage de fçavoir tout le détail des exemples & des raifons qu'il a propofé pour fa defenfe, fans qu'il puiffe connoître aucune des chofes dont on fe fert pour l'attaquer.

Pour examiner donc cette Requefte dans le détail, & faire juger par les mauvais fondemens fur lefquels elle eft établie ce que l'on doit préfumer de ces autres Memoires, que l'on n'a point vûs, on peut dire que c'eft fans fujet que les Ducs & Pairs donne le nom d'une prétention nouvelle à un droit fi bien établi.

Il a déja été dit que l'on a donné fans fujet le nom de prétention nouvelle à l'ancienne poffeffion dans laquelle font les Prefidens du Parlement, d'opiner avant les Pairs dans les Lits de Juftice, puifque jamais la confervation d'une poffeffion ne fut appellée nouveauté; & il a été juftifié par les Memoires donnez au Roy, que depuis 1597. cette poffeffion a été continuée vingt-huit fois; Que l'interruprion qu'elle a foufferte en cinq Lits de Juftice pendant tout ce temps, ne peut être tirée à aucune confequence par les raifons qu'il n'eft pas befoin de repeter; que toutes les feize Seances du Roy en fon Parlement, c'eft à-dire, toutes celles qui ont été depuis le commencement de fon Regne, ont confirmé ce droit & cette poffeffion, & que l'un & l'autre fe trouvé auſſi établi par les Seances des Rois dans les autres Parlemens : comme celuy de Roüen & de Bordeaux, dont les exemples ſont rapportez. Et ainſi il eſt aiſé de voir que la nouveauté eſt toute entiere dans la prétention des Ducs & Pairs, puiſqu'ils ne ſe contentent pas de tenir le même rang dans le Parlement, dont ceux qui les ont precedez dans ces mêmes dignitez, ont été fort ſatisfaits, & qu'ils veulent entreprendre ſur un Corps, dont ils ont deſiré avec tant d'ardeur & d'empreſſement de faire partie.

Mais pour montrer davantage combien cette nouvelle prétention contre le Parlement eſt mal fondée, il faut faire deux choſes.

La premiere eſt, de répondre à ce qu'ils alleguent contre les exemples & la longue poſſeſſion qui leur eſt oppoſée.

La ſeconde eſt, de détruire une imagination qu'ils tâchent d'inſinuer ſans aucun fondement, que la poſſeſſion du Parlement commence en 1610. & qu'avant ce temps ils avoient une ſuite d'exemples pour eux, dont ils prétendent que l'ancienneté eſt égale à celle des Pairies dans le Royaume.

Pour l'une, il ſuffiroit de dire que ces exemples ſont extraits des Regiſtres du Parlement, puiſque juſques icy perſonne n'avoit encore douté de la fidelité de ce dépôt public qui n'a jamais été violée ; Et ſi on la pouvoit revoquer en doute, ce ne ſeroit pas dans les Actes dont il eſt queſtion ; puiſqu'il eſt certain que les Regiſtres des Seances des Rois au Parlement ſont viſées par les Chanceliers qui y preſident, & non point par le Premier Preſident, ni aucun autre des Preſidens.

Et cependant les Ducs & Pairs oppoſent à ces Actes les plus autentiques que la France connoiſſe, de certains prétendus Memoires, qu'ils diſent être du Sieur Saintot Maiſtre des ceremonies, par leſquels ils veulent prouver que les choſes ſe ſont paſſées aux Lits de Juſtice de 1622. & 1629. tout au contraire de ce que portent les Regiſtres du Parlement.

Cette comparaiſon eſt en verité bien extraordinaire, & elle choque ſi fort, qu'il n'eſt pas beſoin d'y répondre. On la trouvera encore bien plus étrange, ſi l'on conſidere quels ſont ces Memoires que les Ducs & Pairs diſent être du Sieur de Saintot, comment ils ſe détruiſent d'eux-mêmes, & combien ils ſont éloignez de la verité : Car outre qu'il les deſavoüe, & qu'il dit qu'ils n'ont été dreſſez ni par luy, ni par aucun de ceux qui l'ont precedé dans ſa charge, il eſt certain que les mots que l'on en a tirez pour en renverſer toute la verité des Regiſtres du Parlement, ne ſont écrits qu'à la marge, & d'une main tout-à-fait inconnuë.

Il eſt vrai que le Sieur Saintot a quelques Memoires, dont luy ni aucun autre ne peut dire qui eſt l'Auteur ; qui ſont de ces ſortes de Manuſcrits remplis de differentes pieces, d'ordinaire pleines de fauſſetez, dont on a voulu tant de fois empêcher le cours, & que les Copiſtes ne laiſſent pas de vendre à tout le monde.

Dans l'un de ces livres, le Lit de Juſtice de 1662. eſt écrit confor-
mément au Regiſtre du Parlement, ſur lequel il eſt preſque copié.
Mais les Ducs & Pairs diſent qu'il y a une note à la marge de ce volume, qui porte que ce qu'il contient eſt faux auſſi bien que le Regiſtre du Parlement ; & cette note neanmoins n'eſt appuyée d'aucune
autorité ni d'aucune circonſtance. Si cela ne pouvoit ſuffire, il ſeroit
fort aiſé aux Ducs & Pairs de détruire tout ce qui eſt allegué contre
eux ; car ils trouveroient facilement des Copiſtes qui leur fourniroient
de ces ſortes de Manuſcrits, dans leſquels on tranſcrit toutes ces vingt-
huit Seances des Rois au Parlement, & on pourroit faire croire ſans
beaucoup de peine quelques mots écrits à la marge, qui porteroient
que tout ce qui eſt écrit dans le texte eſt faux, & que toutes ces Seances ont donné aux Ducs & Pairs l'avantage qu'ils demandent preſentement.

Pour ce qui regarde le Lit de Juſtice de 1629. celuy qui en a dreſſé
le Memoire inſeré dans ce même Livre devoit être plus ſçavant dans
l'hiſtoire de nôtre ſiecle s'il vouloit être crû ; car il dit que Monſieur
le Garde des Sceaux du Vair y preſidoit, quoiqu'il fût mort huit ans
auparavant, c'eſt-à-dire l'année 1621. le 3. d'Aouſt à Tonneins, le
ſiege étant devant Clerac, outre qu'il eſt ſi exactement décrit dans
les Regiſtres du Parlement, qu'on ne peut pas douter de ſa verité.

Ce Livre donc, duquel ils font un fondement ſi autentique de leurs
prétentions, n'eſt qu'un ramas confus de relations fauſſes ſans nom &
ſans Auteur ; le Sieur de Saintot ne ſçait même d'où ce volume luy
eſt venu ; ce n'eſt point un des Memoires ni des Regiſtres que les
Maiſtres des Ceremonies ont accoûtumé de dreſſer des actions qui regardent leurs charges, & l'on n'en fait point ordinairement d'autre
pour les Lits de Juſtice, que la feüille du Regiſtre viſée par M. le
Chancelier qui y preſide.

Quoique le Ceremonial ſoit beaucoup plus conſiderable que ces
ſortes de Memoires faits à plaiſir dont les Ducs ſe veulent aider, neanmoins il eſt ſi peu exact, que la Seance de 1621. y eſt décrite comme
les precedentes & celles qui les ſuivent, c'eſt-à-dire, que les Preſidens
y ont opiné les premiers : Et les Ducs ſont d'autant plus mal fondez à
diſputer la verité des Regiſtres du Parlement, que dans la ſincerité
que l'on y a toûjours obſervée, ils n'auroient pas trouvé cet exemple
qui eſt unique pour eux pendant une ſi longue ſuite d'années, mais il
eſt entierement détruit par ce que l'on y a déja répondu.

Ils en uſent en ce qui concerne les Regiſtres, comme ils font à l'é-
gard du Parlement même ; ils veulent bien être de ſon Corps pour
en recevoir tous les avantages qu'ils en tirent, & ne pourroient ſouf-
frir en aucune maniere d'en être ſeparez ; neanmoins quand la penſée
leur vient d'avoir un rang d'opiner qui leur paroît plus honorable,
quoique dans la verité cela ne puiſſe rien ajoûter à leur dignité, non
ſeulement ils ſe ſeparent de ce Corps, mais encore ils ſe tournent &
ſe déclarent entierement contre luy.   Auſſi

Auffi lorfqu'ils rencontrent dans les Regiftres du Parlement des chofes qui favorifent leur prétention, & que ces mêmes chofes font expliquées contre eux dans le Ceremonial, ils foûtiennent que les Regiftres font veritables, & qu'il n'y a pas d'apparence d'oppofer à leur autorité ce qui eft écrit dans le Ceremonial. Mais quand ces Regiftres font voir une fuite de poffeffion contre eux beaucoup plus longue qu'elle n'eft neceffaire pour regler un rang de cette qualité, ils veulent les détruire par des mots qui fe trouvent mis par des Copiftes à la marge d'un livre tout-à-fait inconnu, & fans pouvoir dire ni fçavoir ce que c'eft que cette écriture ; ils foûtiennent neanmoins qu'elle doit avoir plus d'autorité que tous les Regiftres du Parlement enfemble.

On pourroit dire la même chofe de ce qu'ils rapportent du Lit de Juftice de 1616. qu'ils prétendent être à leur avantage, parce que le Regiftre eft fait en peu de paroles, & marque feulement qu'on en a ufé pour les opinions comme on avoit de coûtume. Il n'eft pas aifé de concevoir comment les Ducs & Pairs prennent ces termes pour eux, puifqu'il eft certain, par leur confeffion même, que depuis 1597. la poffefsion continuelle avoit été pour le Parlement, & cette penfée ne peut pas tomber fous le fens que ces mots (comme on avoit de coûtume) fe rapportent plûtôt à ce qui s'étoit fait en 1597. qu'à ce qui s'étoit toûjours obfervé depuis ce temps-là jufques en 1616. Et de plus ce Lit de Juftice de 1616. n'étoit pas comme ils croyent pour la Majorité de Loüis XIII. car elle fut en 1614. c'eft pourquoi tout ce qu'ils avancent fur ce point fe détruit de foi-même, étant certain que le Regiftre ne peut être autrement entendu que tous les precedens, & ceux qui font enfuite, qui font à l'avantage du Parlement.

Si la brieveté des termes de ce Regiftre faifoit encore quelque doute, il feroit tout-à-fait ôté par l'ordre dans lequel les Prefidens font nommez avant les Ducs & Pairs, ce qui emporte une confequence qu'ils ont opiné dans ce même rang. Car c'eft proprement lorfqu'on opine que les Greffiers recuëillent les noms de ceux qui fe trouvent à cette ceremonie. Et de plus ceux qui fçavent comme les chofes fe paffent au Parlement, ne peuvent pas douter que fi M. le Garde des Sceaux du Vair eût changé en cette rencontre l'ordre accoûtumé, le Parlement eût fait des proteftations, & n'eût pas laiffé perdre fa poffefsion de la forte fans rien dire.

Mais il eft bien à propos de faire une reflexion affez confiderable, fur la diverfité qui fe trouve entre les Regiftres du Parlement & le Ceremonial, pour ce qui eft du Lit de Juftice de 1621. Car ce qui eft caufe que le Ceremonial porte que les Prefidens opinerent avant les Pairs, c'eft que celui qui l'a recuëilli lors étoit perfuadé qu'il n'y avoit point eu de changement dans cette poffefsion, & M. le Chancelier de Sillery qui n'en avoit ufé autrement que par la feule raifon de fon incommodité, dont il fit même des excufes, fut bien aife que ce changement ne parût pas, neanmoins l'exactitude des Regiftres fut fi grande, comme

S

elle l'a été de tout temps, qu'on n'y voulut point omettre cette nouveauté.

Pour la Seance de 1643. que les Ducs & Pairs croyent leur être favorable, ils ne fongeroient pas à s'en prévaloir s'ils fe fouvenoient que l'ordre des opinions y fut obfervé comme l'on fait au Confeil, & non point en la forme de l'Audience, c'eft-à-dire, que chacun parle en fa place affis & couvert, comme l'on fit lorfque le Roy vint la derniere fois au Parlement pour la verification des Duchez & Pairies. Et quand on obferve cette maniere d'opiner, l'avantage eft fans conteftation à ceux qui opinent les derniers, & immediatement avant que le Roy déclare fa volonté. Ainfi cet exemple d'une fi grande action eft contre les Ducs & Pairs autant qu'aucun autre de ceux qui leur font oppofez.

C'eft donc une verité conftante que les Ducs & Pairs n'ont rien du tout à répondre aux vingt-huit exemples qui forment une fi longue poffefsion depuis foixante & fept ans, contre le changement qu'ils demandent & qu'ils pourfuivent prefentement.

Il ne refte plus qu'à examiner cette ancienneté, dans laquelle ils mettent tout leur fort, pour établir, difent-ils, ce droit inviolable qui ne leur a jamais été contefté durant tant de fiecles, lequel neanmoins ils ne prouvent que par fix exemples qui font des années 1536. 1549. 1563. 1581. 1583. & 1597.

Il eft fort facile de détruire en peu de paroles tout ce qu'ils en veulent faire croire, puifque cette grande étenduë de fiecles fe trouve renfermée depuis 1549. jufques en 1597. dans l'efpace de quarante-huit années, hors defquelles il leur eft impofsible de faire voir aucune chofe qui appuye leur prétention ; encore de ces quarante-huit années ils ne doivent compter que la premiere & la derniere ; car pour les fix exemples qu'ils rapportent, ils ne peuvent s'aider que de deux feulement, fçavoir de celuy de 1549. & de celuy de 1597. Et pour les quatre autres ceux qui leur en ont donné les memoires, les ont aufsi mal fervis que ceux qui leur ont fourni cette note écrite à la marge d'un livre qu'on leur a voulu paffer pour un Ceremonial, à caufe que ce livre étoit chez un Maiftre des Ceremonies.

Et pour entrer dans le détail de ces quatre exemples, qui font beaucoup plus à l'avantage du Parlement qu'à celuy des Ducs.

En la Seance de 1536. qui étoit fur le fujet de la commife & reverfion à la Couronne des Comtez de Flandres & d'Artois, à caufe de la felonie de l'Empereur Charles V. il ne paroît en aucune maniere que les Pairs ayent opiné les premiers, & même on ne voit point, ni dans les Regiftres du Parlement, ni dans les Memoires de du Tillet, qui font tres-exacts, qu'aucun ait opiné en cette Seance.

Il y a de l'apparence que ce livre imprimé depuis quelques années fous le nom de *Ceremonial de France*, aura donné occafion à cette erreur. Car ce Ceremonial qui n'eft compofé que de pieces rapportées, où il se trouve tres-peu d'exactitude & beaucoup de faussetez, contient un extrait prétendu des Registres des plaidoiries du Parlement, qui décrit cette Seance selon l'intention des Ducs & Pairs. Mais cet extrait est absolument faux & contraire au Registre même, dans lequel la maniere & le rang des opinions n'est point du tout expliqué : ce qui fait connoître combien il seroit important que ces sortes de livres fussent bien verifiez avant que d'être donnez au public : Car comme ils portent des noms specieux, & qu'ils ne parlent que d'extraits de Registres, & d'autres Originaux autentiques, on est disposé à croire en les lisant, que ce qu'ils contiennent est veritable : Et cependant la plûpart de toutes ces Copies se trouvent fausses quand elles sont examinées sur les veritables Originaux.

Il faut donc que cet exemple de 1536. demeure entierement effacé. Pour ceux de 1563. & 1581. il est vrai que les Presidens y ont opiné les derniers, mais en cela ils ont conservé le rang pour le Parlement, car c'étoit de simples Seances du Conseil, & non pas des Lits de Justice, comme il se voit par les Registres que les Ducs & Pairs rapportent, qui disent que le Parlement étoit en robes noires, & le Premier President seul en robe rouge, comme il a accoûtumé d'être tous les jours destinez pour l'Audience, lors même qu'on n'en donne point ; car ces deux Seances de Parlement furent un Lundy & un Mardy, jours ordinaires d'Audience, ce qui n'est jamais dans les Lits de Justice, où toute la Compagnie est toûjours en robes rouges, & il a été déja assez expliqué que dans la forme de ces Seances l'avantage est d'opiner les derniers.

A l'égard de la Seance de 1583. ce qui est écrit dans le Registre est si obscur, que l'on ne peut voir ceux qui ont opiné les premiers ou les derniers ; car il porte qu'après que M. le Chancelier est monté, a parlé au Roy ; il est descendu, & a parlé aux Presidens, avant que d'avoir pris l'avis des Ducs & Pairs, puis après avoir pris leurs avis, il est retourné une seconde fois aux Presidens : & ainsi ce Registre fait autant contre les Ducs & Pairs que pour eux.

Restent les deux Seances de 1549. & 1597. encore voit-on que dans la premiere il n'y eut aucun ordre observé, puisqu'il y avoit des Gouverneurs de Provinces assis au même banc des Pairs, quoiqu'ils ne fussent ni Pairs ni Officiers de la Couronne (comme le sieur de S. André d'Albon Gouverneur de Lyonnois, qui y prit place aussi-bien que le Maréchal de S. André son fils) ce qui fait voir que les rangs ne furent point gardez en cette Ceremonie, & qu'elle ne doit pas être tirée à consequence.

Voilà donc toute cette possession reduite à un ou deux actes seulement, & ainsi on ne peut pas l'appeller ancienne, parce qu'elle a long-temps duré ; mais bien parce qu'il y a long-temps qu'elle ne dure plus.

Mais afin de recueïllir en peu de paroles tout ce qui regarde la possession, laquelle a toûjours accoûtumé de décider de semblables conteftations, il faut remarquer que le Parlement a vingt-huit Seances pour luy depuis 1597. & en peut compter trente, y ajoûtant celles de Roüen & de Bourdeaux. Il a les feize dernieres, c'eft-à-dire toutes celles qui ont été depuis que Sa Majefté eft venuë heureufement à la Couronne.

Les Ducs & Pairs n'ont que cinq exemples pour eux depuis 1597. encore il n'y en pas un qui ne fe détruife par des raifons particulieres.

Et pour ce qui précede 1597. des fix exemples qu'ils ont rapportez, il y en a deux, fçavoir 1563. & 1581. qui font à l'avantage du Parlement : Celuy de 1536. ne dit rien du tout de ce qu'ils croyoient qu'il contenoit ; celuy de 1583. eft fi obfcur, qu'il peut être employé de part & d'autre. Refte donc ceux de 1549. & 1597. qu'ils pretendent oppofer à un fi grand nombre qui leur font contraires.

Que s'ils recherchent dans un temps plus éloigné, ils verront que les trois Seances de François I. du dernier Juin 1523. & des 8. & 9. Mars enfuivant où les Prefidens font nommez les premiers, font tout-à-fait contre eux, & il leur eft impoffible de faire voir aucune autre chofe qui appuye leur prétention dans le Parlement; car tout ce qu'ils peuvent alleguer de ce qui s'eft fait ailleurs, n'a rien de commun avec l'ordre obfervé dans cette Compagnie, & dans les ceremonies de cette qualité.

Chaque Corps a fes regles & fes ufages particuliers qui font marquez & confervez dans la poffeffion.

Les Pairs ont plus d'intereft que perfonne de ne pas donner atteinte à cette poffeffion, puifque c'eft l'unique titre dont ils fe puiffent fervir pour conferver leur dignité ; car où font écrits leurs privileges? qui leur a attribué toutes les prerogatives, par lefquelles ils prétendent fi fort fe diftinguer du refte de la Nobleffe? Y a-t-il des ordonnances & des loix de l'Etat, ou des conceffions particulieres des Rois qui en ayent fait un ordre feparé & élevé au deffus des plus grandes & plus anciennes Maifons du Royaume?

Et en effet, fi on regarde leur origine, tous les vaffaux relevans en plein fief du Roy étoient les veritables Pairs; & fi la poffeffion & l'ufage n'avoient point changé cet ordre; il y auroit prefentement plus de vingt mille Pairs de France. Si l'on en confidere la fuite, prefque tous les droits que ces Pairs (que nous appellons anciens) fe font attribuez, lorfqu'ils fe trouverent reduits à douze, n'étoient que des ufurpations fur la Royauté qui ont entierement fini avec eux, & ceux qui en portent prefentement le nom & la qualité ne peuvent les prétendre par la loy de la fucceffion qui ne viendroit pas jufques à leurs perfonnes, aprés avoir été fi long-temps interrompuë, quand même la Royauté pourroit encore fouffrir toutes ces entreprifes dont elle a été fi étrangement travaillée.

On peut encore moins dire que ce foit leurs fonctions ordinaires qui leur conferuent ce rang, & ils font obligez d'avoir recours à la poffeffion, comme à la feule regle infaillible qu'ils doivent reconnoître,

puifqu'elle

puifqu'elle leur eft fi favorable pour la confervation de tous les avantages dont ils joüiffent.

Aprés tant de raifons, il femble qu'il ne foit pas neceffaire de répondre à ce que les Ducs & Pairs rapportent d'un certain Traité qu'ils difent avoir été fait par M. le Garde des Seaux de Marillac; car on ne fçait ce que c'eft que ce traité: Et les lits de Juftice où M. le Garde des Seaux de Marillac s'eft trouvé, dans lefquels il a confervé l'ordre ancien & accoûtumé en faveur du Parlement, font bien voir que fes fentimens étoient tout contraires à tout ce qu'on luy veut faire dire.

Ils avancent encore avec moins de fondement, ce qu'ils difent de Meffieurs les Princes du Sang, vû la grande difference qui eft entr'eux & tout le fang Royal, à l'égard duquel le Roy en ufe comme il luy plaît; & Sa Majefté ayant trouvé à propos depuis plufieurs années, auffi-bien que le défunt Roy fon Pere, de les faire approcher de fon dais, & opiner même avec fa Perfonne facrée, on ne peut & on ne doit y trouver à redire.

Les Ducs & Pairs voyant bien que toute la poffeffion eft contr'eux, veulent difputer la chofe par raifon, comme fi elle étoit encore en fon entier aprés un fi long ufage, & toutes celles dont ils fe fervent vont à dire, que le rang que les Prefidens tiennent dans le Parlement vient de ce qu'ils reprefentent le Roy dans leurs fonctions ordinaires, mais que cette raifon ceffant pour la prefence de Sa Majefté, ils doivent perdre dans les lits de Juftice le rang qu'elle leur donne.

On a répondu fort exactement à ce moyen par les Memoires que le Parlement a déja prefentez, dont on ne fait point ici de repetition, & il fuffit de dire, que lorfque le Roy vient tenir fon Parlement, c'eft pour le conferver dans l'état qu'il eft fans rien changer à l'ordre accoûtumé; la prefence de Sa Majefté ne doit point ôter le rang à fes Officiers, ny confondre l'ordre & la regle de toutes les Compagnies, qui ne permettent pas que ceux qui ont la qualité de Prefidens, quoy qu'ils ne prefident pas actuellement, puiffent être precedez par aucun de ce même Corps.

Cette verité qui eft entierement confirmée par ce qui s'obferve tous les jours dans le Parlement, fait connoiftre que ce n'eft pas la fonction actuelle de prefider, mais la feule qualité de Prefident, qui donne le rang au deffus de tout le refte de la Compagnie; car le Parlement n'eft pas prefidé par huit perfonnes toutes à la fois ainfi que les Ducs & Pairs femblent l'avoir entendu dans leur Requefte. Il n'y en a qu'un feul qui demande les avis, auquel auffi ceux qui opinent adreffent leurs paroles; mais comme ils peuvent tous prefider en l'abfence les uns des autres, & qu'ils ont tous la qualité des Prefidens de la Compagnie, ils precedent fans difficulté dans toutes les affemblées de cette Compagnie tous ceux qui font partie de ce Corps.

Lorfque M. le Chancelier vient au Parlement, c'eft luy feul qui y prefide; & neanmoins jamais les Ducs & Pairs n'ont pretendu de preceder en ce cas les Prefidens. Si cette raifon étoit bonne ils pourroient s'en fervir dans cette occafion, en difant que les Prefidens ne repre-

T

sentent le Roy que lorsqu'ils president actuellement : aussi est-il bien vray qu'en la presence de Sa Majesté aucun des Presidens ne preside actuellement, mais ils ne perdent pas pour cela le rang que la qualité de President leur donne dans toutes les assemblées de la Compagnie. Et si les Pairs étant du corps du Parlement pretendent y tenir le premier rang en presence du Roy, il seroit d'une consequence toute entiere qu'ils y devroient eux-mêmes presider quand le Roy n'y est pas present, car ce sont toûjours eux qui tiennent les premieres places dans les Compagnies.

Dans les premiers Memoires du Parlement, il a été remarqué que les Presidens portent le même habit en presence du Roy, que lorsqu'ils president actuellement; pour faire connoistre qu'en cette rencontre ils ne perdent pas leurs prerogatives, puisque cet habit est l'ancien manteau royal, tel que nos Rois le portoient anciennement.

Il n'y a personne de ceux qui ont quelque connoissance de l'antiquité qui en puisse douter, & sans aller plus loin il suffit de voir le tableau de Charles V I. qui est dans la Grand'Chambre au dessous du Crucifix, où il est representé avec ce même manteau. Et Fauchet qui a recherché fort exactement toutes ces choses, confirme cette verité par un journal qu'il rapporte d'un Ecclesiastique de Paris, écrit depuis l'an 1409. jusques en 1449. qui dit que dans l'entrée que le Roy fit en cette ville, il avoit l'habit que portent les Presidens au Parlement. Il cite aussi Alain Chartier, Secretaire de Charles VII. qui dit la même chose; & si quelqu'un ne se rendoit pas à ces témoignages, il seroit fort aisé de le convaincre par beaucoup d'autres marques de l'antiquité qui ne reçoivent point de réponse.

Les Ducs & Pairs doivent donc declarer s'ils renoncent tout-à-fait à estre du Corps du Parlement; car il ne fut jamais dit qu'un Officier d'une Compagnie pût preceder les Presidens, lorsqu'elle est assemblée; & quand ils seront tout-à-fait séparez du Parlement, il sera bien aisé de montrer qu'ils ne le peuvent preceder en aucun cas.

On ne peut pas comprendre ce que leur requeste veut dire, lorsqu'elle remarque qu'ils parlent assis & couverts dans les lits de Justice, & que les Presidens n'y parlent que debout & découverts. Il faut que cette difference ait été écrite par quelqu'un qui n'a jamais oüi parler de ce que c'est qu'un lit de Justice; car tous ceux qui y assistent y opinent debout, lorsque Monsieur le Chancelier va demander les avis, de la même maniere que l'on fait aux Audiances ordinaires. Et pour ce qui concerne les autres Seances où le Roy fait opiner, comme on a accoûtumé de faire aux Assemblées ordinaires des Chambres, tous ceux qui sont du Corps de la Compagnie opinent assis & couverts, ainsi qu'il s'observa en la derniere Seance du Roy pour la verification des Duchez : de telle sorte que dans la forme d'opiner il n'y a jamais eu de difference entre les Presidens, les Ducs & Pairs, & tous les Conseillers.

Mais ils ont voulu sans doute parler du discours que fait le Premier President quand il porte la parole au Roy, qui est aussi bien celle des

Ducs & Pairs que de tout le reste du Parlement : Car il est vray qu'alors il ne parle point assis, & que les autres Presidens se levent à même-temps que luy, pour rendre à Sa Majesté les respects de la Compagnie ; Et si pour éviter la confusion qu'apportoient tant de personnes en se levant toutes à la fois, les seuls Presidens se tiennent debout, c'est une distinction avantageuse pour leur rang, qui fait voir que comme les sentimens de tout le Corps ensemble ne s'expliquent en cette rencontre que par la bouche de celuy qui y tient la premiere place ; de même aussi les demonstrations exterieures du respect qui est dû à la personne sa-crée de Sa Majesté, se trouvent renfermées dans le nombre de ceux qui sont les premiers representans de son autorité royale dans le Parle-ment. Et si le rang que doivent avoir les Ducs & Pairs dans ces Assem-blées étoit au dessus de celuy des Presidens, il seroit d'une consequence necessaire qu'ils portassent cette parole au Roy pour toute la Compagnie.

Que s'ils avoient à representer quelque chose, & parler de leur chef dans cette Ceremonie pour tout autre sujet que pour opiner ; il est certain qu'ils en parleroient au Roy debout & la tête nuë, ainsi qu'ils ont souvent fait, & dont il seroit fort aisé de rapporter les exemples, s'ils n'en vouloient pas convenir.

On a prevenu par les premiers Memoires du Parlement l'objection que les Ducs & Pairs ont faite, de ce qu'ils sont sur les hauts sieges dans cette Seance ; & les Presidens aux bas sieges ; & on a montré que cette differente situation n'a jamais été tirée à consequence pour l'ordre d'o-piner, ny pour donner aucun avantage. Et cela est si veritable, que M. le Chancelier qui preside au nom du Roy à ces Assemblées, & qui par consequent tient le premier lieu, est assis aux bas sieges ; ce qui est d'au-tant plus considerable, qu'il precede les Ducs & Pairs ; non seulement dans le Parlement, mais encore par tout ailleurs, ainsi qu'il est décidé par la Declaration du 3. Avril 1582. verifiée au Parlement ; Qu'aucun des Ducs créez depuis Henry II. ne pourra preceder en quelque sorte, lieu, ny pour quelque occasion que ce soit, les Officiers de la Couronne, qui sont le Connestable, le Chancelier, le Grand Maistre, Grand Chambellan, Amiral, Mareschaux de France, & Grand Ecuyer de France.

Mais comment cette requeste peut-elle imputer cette longue pos-session du Parlement aux circonstances particulieres des temps, ou à la consideration des Ministres qui ont voulu les favoriser ; puisque tout au contraire les Ministres qui ont eu l'autorité principale en France, ont toûjours combattu celle du Parlement, lequel n'ayant aucun pou-voir ny aucune autorité que celle du Roy, reçoit toûjours de l'accroisse-ment ou de la diminution à proportion du pouvoir & de l'autorité Royale.

Aussi on voit que ces quatre exemples, sur lesquels les Ducs tâchent de s'appuyer, qui sont de 1633. 1634. 1636. 1641. furent des effets de la fa-veur & de la puissance extraordinaire de M. le Cardinal de Richelieu, & qu'aussi-tôt que cette faveur cessa, les choses sont retournées à leur ancien ordre : Et si l'on examinoit encore les deux autres de 1549. & 1597. qui feuls reftent aux Ducs & Pairs, on trouveroit encore que ce fut la confideration particuliere des favoris de ce temps-là qui l'emporta fur le droit des Officiers du Roy.

Pour la difference que les Ducs & Pairs trouvent fi grande entre leurs dignitez qui font hereditaires, & les Offices de Robe qu'ils difent être venaux, il eft affez remarqué dans les premiers Memoires, que cette même difference eft tout-à-fait à l'avantage des Officiers du Roy dans le Parlement, puifqu'ils ne font établis que pour y maintenir l'autorité royale en qualité d'Officiers, au deffus de ceux qui pretendent avoir un rang d'eux-mêmes dans l'Etat, & par la propre fucceffion de leurs Maifons.

On ne peut pas s'empêcher d'ajoûter à tout ce qu'on a dit fur ce fujet, que la Charge de Premier Prefident n'a jamais été venale; & que fi l'ordre des familles & l'ufage du Royaume, qui a mis dans toutes les Charges, de quelque qualité qu'elles foient, la plus grande partie des biens des particuliers; fi cet ordre a fait que l'on a donné de l'argent de celles des Prefidens du Parlement, le merite perfonnel, & fouvent auffi la confideration des fervices des peres dans les mêmes places, n'ont pas laiffé d'y avoir toûjours la plus grande part; Et le Roy jugera, s'il luy plaît, auquel il vaut mieux confier fon autorité, dont la préfeance dans le Parlement fait partie; ou à ceux qu'il choifit pour ce fujet, à qui Sa Majefté donne des provifions, qui n'y ont rien d'eux-mêmes, & qui tiennent toute leur force de la puiffance royale, & de la reprefentation de la propre perfonne du Roy; ou à ceux qui y viennent de leur chef, qui ne reprefentent jamais le Roy, & qui font appellez fans aucun choix par le feul droit de leur naiffance, quand même ils n'auroient encore rendu aucun fervice.

Il n'a pas été difficile de répondre à cette requefte des Ducs & Pairs, & de faire connoiftre la foibleffe des moyens qu'elle contient, puifque d'eux-mêmes ils font fi peu établis : Mais auffi cette réponfe feroit entierement inutile, fi elle ne fervoit pour obtenir de la bonté du Roy la grace que fon Parlement luy demande encore, avec tous les refpects & toutes les fupplications poffibles, qui eft, de ne point décider cette conteftation, fans qu'il puiffe connoiftre fur quoy les Ducs & Pairs fondent leurs pretentions par la communication du Memoire qu'ils ont mis entre les mains de Sa Majefté, qui eft en effet, ainfi qu'ils le publient eux-mêmes, leur veritable demande.

Cependant comme les lumieres admirables dont Dieu a remply Sa Majefté, lui donnent une connoiffance fi parfaite & une penetration fi vive de toutes chofes, qu'elles le font regarder de tout le monde, non feulement comme le plus grand Juge & le plus éclairé de fon Royaume, mais encore comme l'arbitre fouverain de la Chreftienté; on ne peut douter auffi qu'étant le plus jufte Roy de la terre, il ne juge qu'il y a une neceffité toute entiere de communiquer à ceux qui conteftent toutes les chofes fur lefquelles on appuye les pretentions de part & d'autre, principalement dans une rencontre où il s'agit du rang & de la dignité de fon Parlement, laquelle a toûjours fait partie effentielle de l'autorité royale.

ARREST

ARREST

DU

CONSEIL D'ETAT,

Portant Reglement entre les Ducs & Pairs
& les Presidens du Parlement de Paris,
sur leur droit d'opiner és Lits de Justice
que le Roy y tient.

EXTRAIT DES REGISTRES
du Conseil d'Etat.

L E Roy s'étant fait représenter en son Conseil les Memoires
mis entre les mains de Monsieur le Chancelier, tant par les
Officiers de sa Cour de Parlement de Paris, que par les Pairs de
France, suivant le commandement qu'ils en avoient reçûs de Sa
Majesté, & ayant vû par lesdits Memoires les raisons par lesquelles
ledit Parlement prétend que les Presidens en iceluy doivent opiner
avant lesdits Pairs, lorsque Sa Majesté y tient son Lit de Justice,
comme aussi les moyens, dont lesdits Pairs se servent pour appuyer le droit par eux prétendu, de dire leurs avis en de pareilles
Seances avant lesdits Presidens. SA MAJESTE' voulant terminer
ce differend, & prévenir les difficultez qui pourroient naistre à l'a-
venir en de semblables occasions, estant en son Conseil, a maintenu & gardé, maintient, & garde lesdits Pairs de France au
droit d'opiner, & dire leurs avis avant lesdits Presidens audit Parlement de Paris, lorsque Sa Majesté y tiendra son Lit de Justice,
sans qu'ils puissent être troublez pour quelque cause & occasion que
ce soit. VEUT pour cette fin Sa Majesté, que le present Arrest
V

soit enregiftré és Regiftres de ladite Cour. FAIT au Confeil d'Etat du Roy , Sa Majefté y étant , tenu à Paris le vingt-fixiéme Avril mil fix cens foixante-quatre.　　Signé , DE GUENEGAUD.

Cet Arreſt a eſté enregiſtré au Parlement le Roy ſeant en ſon Lit de Juſtice le Mardy vingt-neuviéme Avril mil ſix cens ſoixante-quatre, & executé le même jour par Monſieur le Chancelier , qui prit l'avis de Meſſieurs les Pairs avant que de le prendre de Meſſieurs les Preſidens.

REFLEXIONS

SUR LE SECOND ET DERNIER
Memoire que les Prefidens au Mortier
ont prefenté au Roy.

*Pour répondre à la Requefte, ou second Memoire
des Pairs.*

CE Memoire contient trois principales parties.
    La premiere, par où il commence & finit, n'eft employée
qu'à prouver que le dernier Memoire des Pairs leur devoit
être communiqué.

La feconde fert de réponfe aux exemples alleguez dans la Requefte
des Pairs touchant la poffeffion.

Et la troifiéme répond aux raifons que les Pairs avoient apportées
dans cette même Requefte.

REFLEXIONS

Sur la premiere Partie du dernier Memoire des Prefidens.

AVANT que d'examiner les raifons fur lefquelles les Prefidens fe
fondent pour demander la communication du dernier Memoire
des Pairs, il me femble qu'il y a une affez importante reflexion à faire,
fur ce que les Prefidens dans leurs Memoires parlent prefque toûjours
au nom de tout le Parlement. Car les Pairs n'ont jamais eu differend
touchant l'honneur d'opiner, qu'avec les Prefidens, & non pas avec
le Corps du Parlement; ce font les Prefidens feuls, & non pas les Confeillers, qui depuis 1610. ont contefté aux Pairs cet avantage dans les
Lits de Juftice; & les Pairs, foit dans leur Requefte, foit dans leur
dernier Memoire, n'ont jamais parlé que des Prefidens. Cependant les
Prefidens en veulent faire l'affaire de toute la Compagnie; ils affemblent les Chambres avant que de dreffer leur premier Memoire; ils les
affemblent pour le lire avant que de le prefenter au Roy; ils les affemblent encore de même pour leur fecond Memoire; & dans toutes les
pages de ces deux Ecrits, ils ne parlent prefque jamais qu'au nom de
tout le Corps du Parlement.

Le Parlement, difent-ils d'abord, *avoit fujet de defirer qu'on luy donnât communication des moyens fur lefquels les Pairs appuyent leurs prétentions, pour le rang d'opiner dans les Lits de Juftice, avant que de faire voir aucune chofe de fa part.* Si la conteftation étoit entre les Pairs & tous les Officiers du Parlement touchant l'honneur de l'opinion, les Prefidens auroient raifon de faire parler tout le Parlement : Mais nul de tous les autres Officiers ne difputant cet honneur aux Pairs, il eft vifible qu'il n'y a que les feuls Prefidens qui foient intereffez dans la caufe.

Je dis bien plus ; quand même les autres Officiers du Parlement devroient s'y intereffer, ils auroient plus de raifon de le faire pour les Pairs, que pour les Prefidens au Mortier. Premierement, parce que les Prefidens paroiffent fe vouloir un peu trop feparer de leurs Confreres, en s'élevant en ce rencontre au deffus des Pairs, & en mettant les Pairs entre eux & le refte du Parlement. En fecond lieu, parce que dans cette difpute ils fe veulent comme détacher de la Cour des Pairs, & renoncer à ce titre glorieux, qui releve fi avantageufement le Parlement de Paris au deffus de tous les autres du Royaume. Et en effet, le Parlement auroit grand fujet de fe plaindre de fes Prefidens, fi pour obtenir l'avantage dans un differend particulier, qui ne peut rien ajoûter ni diminuer à la dignité de tout le Corps ; ils luy faifoient perdre cette prerogative finguliere, d'être preferablement aux autres Parlemens, *la Cour du Roy*, & *la Cour de France*, & de connoître, en cette qualité, quand il plaît aux Rois, des plus importantes affaires d'Etat.

Ainfi le veritable interêt du Parlement eft de contribuer de tout fon pouvoir à l'élevation des Pairs ; puifqu'il fera d'autant plus illuftre, que les Pairs feront maintenus dans un plus fublime degré d'honneur. Car le Parlement, fimplement comme Parlement de Paris, n'eft qu'une Cour Souveraine de Juftice, comme il y en a plufieurs autres femblables, & dans la France, & dans les autres Etats de l'Europe : Mais comme uni à la Cour des Pairs, & ne faifant avec elle qu'un même Corps, dont le plus grand Roy de la terre eft en perfonne l'unique Chef ; c'eft le premier Tribunal du monde. Comme Parlement de Paris il juge des differends ordinaires des fujets du Roy dans l'étenduë de fon reffort, ainfi que les autres Parlemens font dans le leur : mais comme Cour des Pairs, & Cour de France, il eft appellé avec eux au jugement des plus grands Princes, & à la décifion des caufes les plus importantes de tout le Royaume. Comme Parlement de Paris, il eft compofé fimplement de Prefidens & de Confeillers, ainfi que les autres Cours Souveraines : mais comme Cour des Pairs, chaque Officier de ce Corps illuftre, eft comme élevé à la fublime dignité de Pair, & en exerce avec eux en cette rencontre les fonctions les plus éminentes.

De forte qu'ainfi que les Pairs ne prétendent point en cette rencontre fe détacher de l'union naturelle qu'ils ont avec le Corps du Parlement, mais font perfuadez que rien ne contribuë davantage à l'honneur

neur & à la gloire de cette illuſtre Compagnie, que l'élevation de leur
dignité, & l'affermiſſement de leurs prérogatives & de leurs droits :
de même le Parlement connoîtroit peu ſon vrai & ſolide intereſt, s'il ne prenoit part à celuy des Pairs, & s'il ne conſideroit ce *Sacré
College*, ainſi que l'ont appellé quelques Auteurs, comme la gloire &
l'ornement de leur Corps.

Il ne faut donc plus que l'Auteur de ces Memoires parle ſans ceſſe
du Parlement, au lieu de parler ſimplement des Preſidens; & qu'il
s'adreſſe au Roy, pour luy repreſenter qu'il y va du rang & de l'honneur de ſon Parlement, dans une conteſtation particuliere, où les ſeuls
Preſidens ſont intereſſez, & où les Pairs n'ont rien à démêler avec le
Corps du Parlement.

Voyons maintenant quels ſont les moyens dont les Preſidens ſe
ſervent icy pour autoriſer la demande qu'ils y font de la communication du dernier Memoire des Pairs. Ils peuvent être reduits à
quatre.

I. *Que les Pairs étant demandeurs, il étoit de l'ordre que les Preſidens connuſ-
ſent les moyens ſur leſquels ils appuyoient leurs prétentions pour le rang d'opiner aux
Lits de Juſtice, avant que de faire voir aucune choſe de leur part.*

Sur cette prétention, il faut obſerver, que le differend ayant d'abord
été porté devant le Roy, & n'étant pas de la nature des affaires ordinaires; il n'étoit pas auſſi ſujet aux regles & aux formalitez du Palais,
comme les procés des particuliers, & pouvoit être traité en la maniere
qu'il plairoit à Sa Majeſté. De ſorte que quand même le Roy eût jugé
à propos de décider la choſe ſur ſes propres lumieres, & ſur celles qu'il
eût tiré des parties, ſans leur en rien communiquer; perſonne n'eût eu
ſujet de s'en plaindre, puiſqu'il n'y avoit point eu d'autre Tribunal où
ce differend ſe pût terminer, que ce Tribunal ſuprême, où la puiſſance
Royale eſt le ſouverain arbitre des formes, auſſi-bien que des jugemens dans les choſes de cette nature.

Mais le Roy en a voulu uſer en cette rencontre avec une circonſ-
pection bien plus exacte. Car aprés avoir eu la Requeſte où les Pairs
avoient touché leurs principales raiſons, il ne ſe contenta pas d'un
aſſez ample Memoire que luy avoit donné d'abord le Premier Preſident: il en voulut encore avoir un plus particulier & plus autentique
de la part de tous les Preſidens enſemble, & eut la patience d'écouter
tout ce qu'ils y voulurent ajoûter par la bouche du Premier Preſident,
pour l'intereſt de leur cauſe. Il ſembloit que par cette voye Sa Majeſté
dût être ſuffiſamment éclaircie ſur ce differend pour y pouvoir prononcer; mais cette exactitude ſi loüable dont elle uſe dans ſes jugemens, ne luy permit pas d'en demeurer là: Elle eut la bonté de communiquer ces premiers Memoires aux parties, & de leur donner un
temps aſſez conſiderable pour y répondre, en leur faiſant ſçavoir qu'a-
prés ces réponſes elle décideroit.

Et en effet, quoique les Pairs fuſſent demandeurs, à cauſe que de-

X

puis quelques années les derniers exemples leur étoient contraires ; le Roy n'ignoroit pas que la voix publique étoit pour eux , & que la plûpart du monde étoit perfuadé que cette poffeffion des Prefidens n'étoit qu'une pure ufurpation : de forte que Sa Majefté pour s'éclaircir, n'avoit pas moins fujet de demander aux Prefidens les raifons qu'ils avoient d'opiner avant les Pairs, que de demander aux Pairs celles qu'ils avoient de prétendre devoir opiner avant les Prefidens.

Mais aprés tout, quand le Roy eût d'abord accordé aux Prefidens la communication de la Requefte des Pairs avant qu'ils luy euffent donné leur premier Memoire, quel avantage y euffent-ils rencontré , finon de donner aux Pairs celuy de répondre par leur dernier Memoire à la réponfe que les Prefidens auroient faite à leur Requefte? Car fi les Prefidens euffent vû d'abord la Requefte des Pairs , ils euffent fans doute ajoûté à leur premier Memoire les principales raifons qu'ils ont mis dans le fecond qui répond à cette Requefte: & ainfi les Pairs euffent eu l'avantage d'y répondre dans leur dernier Memoire: au lieu qu'ils en ont été privez par l'ordre qui s'eft obfervé. Et peut-être que les Prefidens s'attachant plus au fait , & s'étendant moins en des chofes peu neceffaires à la queftion, qu'ils n'ont fait dans leur premier écrit ; ils euffent épargné aux Pairs la peine de dreffer ce grand Memoire de remarques, aufquelles celuy des Prefidens les a obligez.

2. *Ce Memoire, difent en fecond lieu les Prefidens, a été public, & les Pairs l'ont vû auffi-tôt qu'il a été dreffé ; & ainfi ils ont eu d'abord cet avantage, qu'avant que de faire connoître leurs raifons, ils ont fçû toutes celles qui leur étoient contraires.*

Si l'Auteur du Memoire des Prefidens veut parler de la Requefte des Pairs, il n'a pas lieu de dire, qu'avant que de faire connoître leurs raifons, ils fçavoient celles qui leur étoient contraires ; puifque les Pairs ont prefenté leur Requefte au Roy prés d'un mois auparavant que les Prefidens euffent donné leur premier Memoire. Mais il n'en eft pas de même de ce premier Ecrit des Prefidens ; parce que les Pairs n'ayant pris nul foin de tenir leur Requefte fecrette aprés l'avoir prefentée, mais en ayant au contraire donné eux-mêmes plufieurs copies, & jufqu'à des perfonnes de la robe ; il eft certain que les Prefidens, non feulement l'ont pû voir, mais l'ont affûrément vû avant que de donner leur premier Memoire, ainfi qu'il eft facile de le remarquer en plufieurs endroits, & particulierement dans une note qui eft à la marge vers la fin, où il eft vifible que l'on fe fait une objection de cette Requefte. De forte que ce premier Memoire des Prefidens eft veritablement une premiere réponfe à la Requefte des Pairs ; & s'ils fe plaignent en cette rencontre, ce ne doit pas eftre de n'avoir pas eu communication de cette Requefte avant que de donner leur premier Memoire ; mais feulement de ne l'avoir pas eu dés lors en forme, ainfi qu'ils l'ont eu auffi-tôt aprés.

Que fi l'Auteur des Memoires des Prefidens entend parler du dernier Memoire des Pairs, il a auffi peu de fondement de dire qu'avant que de le donner ils n'avoient pas encore fait connoître leurs raiſons; puiſqu'ainſi qu'on le va faire voir, cette Requeſte que les Pairs avoient donnée ſix ſemaines auparavant, contenoit toutes leurs raiſons plus eſſentielles & principales.

3. Cependant, la troiſiéme raiſon de plainte des Preſidens eſt, que cette Requeſte qu'ils diſent avoir *eſté faite deux ans devant*, *ne contenoit que des choſes generales*, *& qui ſe détruiſent ſi fort d'elles-mêmes*, *qu'elles ne meritent quaſi pas de réponſe.*

La premiere Reflexion que l'on peut faire ſur ces paroles, eſt qu'encore que cette Requeſte des Pairs eût été dreſſée depuis deux ans; les Preſidens n'auroient pas ſujet de s'en plaindre, mais en ſeroient d'autant plus obligez à la civilité des Pairs, qu'ils auroient eu plus de peine à ſe reſoudre de les inquieter en cette rencontre, & qu'ils auroient plus long-temps differé à entreprendre de rentrer dans une poſſeſſion qui leur avoit été uſurpée ſi injuſtement. Mais la verité eſt qu'il n'y avoit que peu de mois que cette Requeſte étoit dreſſée, & que la ſeule attente d'un Lit de Juſtice avoit empêché les Pairs de la preſenter plûtôt à Sa Majeſté.

Quant à la foibleſſe des raiſons contenuës en cette Requeſte; je m'étonne que puiſqu'*elles ſe détruiſent ſi fort d'elles-mêmes, qu'elles ne meritent quaſi pas de réponſe*; les Preſidens ſe plaignent tant qu'on les leur ait ſi tard communiquées pour y répondre: & nous verrons dans la ſuite de ces Reflexions, ſi les raiſons qu'ils oppoſent ſont bien plus fortes.

Mais pour faire voir en troiſiéme lieu que cette Requeſte contient des raiſons ſolides, & ſuffiſantes pour établir le droit des Pairs; il n'y a qu'à conſiderer, qu'elle le fait par l'inſtitution même, & la nature de la dignité: par les autres prerogatives que les Pairs poſſedent: par l'inſtitution du Parlement: par la difference qui ſe rencontre en ces premieres dignitez de l'Etat, & ces offices de robe: par la conſequence qu'on en pourroit tirer contre Meſſieurs les Princes du Sang; & par les autres inconveniens qui s'en enſuivroient, ſi l'on faiſoit opiner les Preſidens avant les Pairs. Cette Requeſte refute auſſi par avance les principales raiſons que pouvoient apporter au contraire les Preſidens; elle produit les anciens exemples qui marquent la poſſeſſion des Pairs juſques en 1610. & tous les autres qui depuis ſe trouvent en leur faveur; Et enfin elle conclud qu'il eſt de l'intereſt du Roy de maintenir les Pairs dans un droit ſi ancien & ſi legitime, dont la ſeule conſideration des temps avoit fait interrompre la poſſeſſion. Et quoique tout cela y ſoit dit en peu de mots, cette brieveté ne la rend pas moins conſiderable, ny moins forte.

4. L'Auteur du Memoire n'en a pas cette opinion, lorſqu'il ajoûte pour un ſujet de plainte, que *les Pairs ont mis tous leurs principaux moyens dans un autre grand Memoire qu'ils veulent faire paſſer pour réponſe à ceux du Parlement, duquel ils en ont ôté la connoiſſance par un ſecret extraordinaire; quoique ce ſoit leur veritable demande.*

Ce grand Memoire des Pairs, qui felon l'avis de ceux qui l'ont vû, peut paffer pour une excellente & trés folide réponfe au premier Ecrit des Prefidens, contient fi peu leurs principaux moyens & leurs raifons plus effentielles, qu'ils n'euffent jamais parlé de la plûpart des chofes qu'il contient, fi toutes celles dont l'Auteur des Memoires des Prefidens a remply fans neceffité leur premier Ecrit, n'eût obligé les Pairs d'y répondre plus au long dans ce dernier. Et en effet, les Pairs ne fe fuffent jamais avifez de parler fi particulierement de leur inftitution; de rechercher le premier établiffement du Parlement; de défendre les droits des anciens Pairs; de maintenir le nom & l'autorité de leur Cour; de dépeindre les anciens habits de nos Rois; de mettre en jeu les Marêchaux de France; de fe figurer la neceffité d'une ombre & d'une reprefentation Royale interpofée entre le Roy & les premiers de fes fujets; de difcourir des Etats generaux; d'examiner le rang des Pairs & des autres Officiers de la Couronne, de juftifier leur fidelité; de faire voir l'attachement & l'union infeparable qu'ils ont par leur dignité, à la Royauté & à la Couronne; & enfin, outre une infinité d'autres chofes auffi peu neceffaires au fujet, ils ne fe fuffent pas mis en peine d'examiner avec tant d'exactitude les mêmes exemples, dont ils avoient déja parlé dans leur Requefte, & d'y ajoûter les Reflexions fur les autres faits dont les Prefidens prétendoient tirer avantage, fi le premier Memoire des Prefidens ayant touché toutes ces chofes, ne les eût engagez à en parler.

C'eft donc fans fujet que les Prefidens en veulent tant à ce dernier Ecrit des Pairs, puifqu'il ne fert qu'à répondre au leur; que nonobftant ce qu'ils difent ici, il ne fait aucune nouvelle demande; & que les Pairs eux-mêmes ne le confiderent nullement comme neceffaire à l'établiffement de leur caufe.

Mais comment peut-on s'imaginer, ainfi que l'avance fi legerement ce dernier Memoire des Prefidens, que *l'on travaille depuis fi long-temps* à celuy des Pairs, puifqu'il eût falu avoir l'efprit de prophetie pour deviner tant de chofes fi nouvelles, fi extraordinaires, & fi éloignées du fujet que ce Memoire en contient; & pour y répondre par avance auffi particulierement, auffi exactement, & auffi fortement que les Pairs ont fait. Outre que les Pairs ayant rendu au Roy ce dernier Ecrit, quinze jours aprés qu'ils eurent eu communication de celuy des Prefidens, ils ont bien plus de fujet de dire, que ce font les Prefidens, qui ont travaillé long-tems au leur; puifqu'ils ont efté plus d'un mois à le prefenter au Roy, depuis avoir eu communication de la Requefte des Pairs, qui leur fut donnée le même jour que les Pairs eurent celle du premier Ecrit des Prefidens.

Ainfi je ne voy pas de quelle fi grande importance pouvoit être la communication de ce dernier Memoire des Pairs. Que fi on l'eût accordé aux Prefidens, il eut été fans doute de la juftice d'accorder auffi en même temps aux Pairs la communication de la réponfe qu'auroient faite les Prefidens; & fi quelqu'une des parties eût fuppofé, ainfi que

fait

fait ce Memoire, que l'autre produit *beaucoup de faits obscurs*; & soûtenu *qu'il est aisé, quand on ne craint pas d'être contredit, d'avancer beaucoup de choses qui semblent être appuyées par des autoritez, & qui paroissent d'abord aussi eclatantes qu'elles se trouveroient peu solides si elles étoient bien éclaircies.* Si dis-je l'une des parties alleguoit toûjours sur le dernier Ecrit de l'autre, ces foibles raisons, que tout le monde peut dire contre le plus solide ouvrage que l'on n'aura point encore vu, en faudra-t-il toûjours donner communication? Et si aprés une seconde & une troisiéme réponse on persiste de part & d'autre à demander encore communication desderniers Ecrits, la chose ira-t-elle à l'infini? Et à quel nombre l'Auteur des Memoires des Presidens fixera-t-il les communications, & les réponses?

Aussi tout le monde a bien jugé, que ce n'étoit pas tant pour l'éclaircissement d'une chose, que les Presidens n'avoient pas interest de tant éclaircir, qu'ils ont insisté sur ces demandes; que pour éloigner par de longues & de nouvelles procedures le jugement d'une affaire, qu'ils prevoyoient bien ne leur pouvoir être avantageux:Ou bien se faire refuser sur une demande, dont ils exagerent si fort *l'importance, la justice, & la necessité toute entiere,* & qu'ils disent être *selon les Ordonnances de tout temps observées dans l'Etat;* afin de se preparer un moyen pour pouvoir revenir un jour contre l'Arrest en quelque autre temps plus favorable. Mais la sage conduite du Roy a dissipé tous ces artifices, en terminant le differend aprés la communication reciproque des premiers Memoires, & l'examen des réponses qui y ont esté faites de part & d'autre; & en agissant dans la suite, & le jugement de cette affaire, avec toute la circonspection, l'exactitude, & les formalitez que l'on y pouvoit desirer.

REFLEXIONS

Sur la seconde partie du dernier Memoire des Presidens.

CETTE seconde partie, qui s'efforce de détruire l'ancienne possession des Pairs, en répondant aux exemples qu'ils avoient alleguez dans leur Requeste, contient trois Articles.

Dans le premier, l'Auteur de ce Memoire tâche de répondre aux exemples qui sont alleguez dans la Requeste des Pairs depuis 1610. Dans le second il pretend détruire presque tous ceux qui précedent 1610. Et dans le troisiéme, il en fait un conte à sa mode, pour y trouver une vraye possession pour les Presidens.

1. Le Memoire pour répondre à l'exemple de 1616. que les Pairs ont cité pour eux sur le témoignage du Garde des Sceaux de Marillac, dit, *Que l'on ne sçait ce que c'est que ce Traité;* comme si l'ouvrage estoit supposé, parce qu'il n'a pas esté imprimé tout entier, & que l'Auteur du Memoire des Presidens ou ne l'a point du tout lû, ou ne l'a point lû dans l'Original. Mais ce que le Sieur Godefroy en a fait imprimer dans son histoire des Chanceliers, dans un temps non suspect, aprés l'avoir

Y

fidellement tiré de l'Original manuscrit, lequel est encore en nature, ne peut-être avec raison revoqué en doute.

Le Memoire ajoûte pour une seconde raison, *Que le Registre estant fait en peu de paroles, & marquant seulement qu'on en a usé pour les opinions;* COMME ON AVOIT DE COUTUME, il s'ensuit que la chose s'est passée à l'avantage des Presidens, parce qu'alors ils étoient en possession. A quoy il est aisé de répondre, que cette possession n'ayant commencé que six ans auparavant, ne pouvoit pas alors en si peu de temps, & par deux simples Actes, avoir formé une coûtume. Mais il y a plus; Car la verité est que ces mots, *Comme on avoit de coûtume*, ne sont point dans le Registre du Parlement qui parle de cette Seance; & qu'ayant voulu verifier moi-même la verité de la chose sur ce Registre, j'ai trouvé qu'il étoit conforme à ce que la Requeste des Pairs en rapporte, & qu'il y avoit ainsi: *Cefait, Monsieur le Garde des Sceaux a monté au Roy, reçû sa volonté, pris aprés l'avis de la Reine sa Mere,* ET DE TOUS, *s'est remis en sa place, &c.* Or ces paroles qui paroissent embroüiller la chose, marquent en effet assez clairement qu'elle s'est passée à l'avantage des Pairs. Car dans le precedent Lit de Justice qui fut tenu en 1614. l'on avoit pris l'avis des Presidens avant que de prendre celuy de la Reine Mere; de sorte qu'ayant changé en ce Lit de Justice de 1616. ce qui s'étoit seulement pratiqué dans le precedent; & ayant pris de la Reine immediatement aprés le Roy, & avant les Presidens, il y a toutes les apparences du monde par la maniere même dont le Registre est conçû, que les Pairs y opinerent aussi ensuite de la Reine, & avant les Presidens.

Mais si l'on joint la relation que fait de ce Lit de Justice le Mercure François, qui n'est point suspect, & qui marque en termes formels, *Que le Garde des Sceaux du Vair, aprés avoir parlé au Roy, alla aux avis aux deux côtez des hauts sieges avant que de descendre aux Presidens;* à celle du Garde des Sceaux de Marillac dont nous avons déja parlé, & qui n'est pas moins positive; La conformité de ces deux differens témoignages met cette verité hors de tout doute; puisque si l'on dit qu'en cette occasion le Registre étoit obscur & douteux, c'est ce qui doit obliger encore plûtôt à avoir recours aux autres relations qui sont plus claires; de sorte que ces deux que je viens de rapporter sont plus que suffisantes pour persuader la chose.

J'oubliois à marquer ici que l'Auteur du Memoire des Presidens attribuë un peu trop legerement à celuy de la Requeste des Pairs une petite faute de Chronologie; sçavoir, de mettre la Declaration de majorité de Loüis XIII. en l'an 1616. au lieu de 1614. puisqu'il ne dit point que ce Lit de Justice de 1616. fust pour la majorité du feu Roy, mais seulement, *Que le Roy estant majeur l'ordre ancien fut rétably;* Ce qui est fort vray & fort different de ce que l'Auteur du Memoire des Presidens luy veut faire dire, mais dont il ne peut tirer aucune consequence défavorable contre les Pairs.

Le Memoire n'ajoûte autre chose à ce que la Requeste des Pairs avoit dit de la Seance de 1621. & à quoy le dernier Memoire des Presidens a répondu si foiblement, sinon que dans le Ceremonial il est marqué en faveur des Presidens; mais si celuy qui a dressé le Memoire se vouloit servir de cette relation, dont le Ceremonial ne marque point l'auteur, il seroit veritablement coupable de l'artifice qu'il attribuë icy sans raison aux Pairs. Car les Registres du Parlement étant à l'égard des Presidens, des témoins qu'ils ne peuvent recuser, les Pairs ont tout droit de s'en servir, lorsqu'ils sont pour eux, comme de preuves invincibles contre les Presidens; & comme de ces sortes d'argumens que les Philosophes appellent *ad hominem*. Mais quand ces Registres sont combattus par d'autres relations plus claires ou plus vray-semblables, rien n'oblige les Pairs de s'y arrester, & ne les empêche d'aller chercher la verité par tout où ils la peuvent découvrir, sans s'engager aveuglément à jurer sur la foy d'aucun Auteur, comme s'il étoit infaillible en des choses purement de fait, dans lesquelles il est si facile aux hommes de se tromper.

Il ne faut donc point s'emporter avec tant de vehemence contre les Notes qui sont à la marge de ces relations des Maîtres des Ceremonies, pour en faire un si grand crime à ceux qui s'en servent contre ce qu'en rapportent les Registres du Parlement dans les deux Lits de Justice de 1622. & 1629. Car les Pairs ont déja fait voir dans leur dernier Memoire, que quand même le Commis du Greffe n'auroit pas manqué de sincerité en ces deux rencontres, il est fort possible qu'il s'y soit trompé par inadvertence, ou autrement. Et cette petite erreur en de legeres circonstances de fait, comme est celle-là, qui autrefois ne se marquoient point, & dont ce Commis n'a peut être pas alors bien envisagé les consequences, ne blesse nullement, au point que l'exagere l'Auteur du Memoire, la fidelité des Registres du Parlement, que personne ne revoque en doute en toutes les choses d'importance.

Ainsi il n'est point necessaire d'opposer aux Registres du Parlement des Memoires particuliers, que l'on sçait bien n'avoir pas en eux mêmes cette autorité; mais il suffit à ceux qui ne cherchent que le vray de ce qui s'est passé touchant les opinions en ces deux Lits de Justice, de voir dans ces Memoires des Maîtres des ceremonies, non pas simplement le contraire de ce qui est rapporté dans les Registres (car s'il n'y avoit que de la contrarieté entre deux diverses relations faites en même-temps, la consequence en seroit beaucoup moins forte) mais les choses y ayant été écrites, comme elles sont dans les Registres du Parlement, ainsi que l'avoüe le Memoire des Presidens, & feu Mr Saintot, pere ou oncle de celuy qui est à present Maistre des Ceremonies (car on m'a rapporté que ces Notes sont de leur main) ou bien quelque autre Officier des Ceremonies qui les a precedez, & qui leur a laissé ces Memoires comme par tradition; ayant remarqué à la marge l'erreur de la relation, il n'y a nulle apparence qu'il se soit mépris. Et en effet, on peut bien fe tromper en rapportant une chofe de fait, comme on la croit, & autrement qu'elle ne s'eft paffée, parce qu'on n'y aura pas bien pris garde ; mais il eft difficile de fe perfuader qu'une perfonne qui voit la relation qu'une autre a faite, s'aille ingerer de la corriger, fans être bien affûré de la verité.

Et pour faire voir que ces deux corrections fur ce que marquent les Regiftres dans les Seances de 1622. & 1629. font fort croyables, c'eft que le feu Sr de Pontcarré Confeiller en la Grand'Chambre, dans un difcours imprimé en partie dans le Ceremonial, rapporte que dans le Lit de Juftice de 1629. les chofes fe pafferent de cette forte : *En aprés le Garde des Sceaux montant en haut alla aux avis au Roy, & aux Cardinaux, Ducs & Pairs, & Marefchaux de France qui étoient aprés ; aprés defcendant en bas dans le Parquet, alla au confeil aux Prefidens de la Grand'Chambre, qui ayant fait quelque difficulté fur l'affaire, le Garde des Sceaux retourna & remonta en haut au Roy & aux fufdits Cardinaux & Ducs & Pairs ; puis vint aux Prefidens, &c.* Après le témoignage fi peu fufpect d'un Confeiller de la Grand'Chambre, qui eft pour le moins auffi croyable qu'un Commis du Greffe ; & qui marque fi précifément la même circonftance, d'avoir efté deux fois aux opinions dans le même ordre, que rapporte la relation du Maître des Ceremonies ; il me femble qu'il n'y a pas grand fujet de tant crier contre ces relations, & encore moins de s'en mocquer, fous prétexte d'une faute de Copifte, qui en tranfcrivant cette Note, a mis le Garde des Sceaux *du Vair* au lieu du Garde des Sceaux *de Marillac*, qui eft feulement un nom pour un autre ; ce qui, peut-être, n'eft pas dans l'Original.

Mais ce que l'Auteur du Memoire ajoûte de la facilité qu'auroient les Pairs, de faire ajoûter aux marges des Copies des Regiftres tout ce qu'ils voudroient à leur avantages, n'eft pas digne qu'on y réponde ; puifqu'outre qu'ils font incapables de ces fauffetez, & principalement en une caufe qui fe foûtient fi folidement d'elle même par la verité ; c'eft que ces Memoires ne font pas entre leurs mains : qu'il y a fort long-temps qu'ils font écrits ; & qu'ils ne fouhaitoient autre chofe, finon que le Roy fe les fift apporter pour en examiner plus exactement la verité.

Auffi les Pairs n'euffent-ils pas manqué de pourfuivre la verification de la chofe, fi elle eût fervy, ainfi que parle le Memoire *d'un fondement fi autentique de leurs prétentions;* & fi l'établiffement de leur droit, & le témoignage de leur ancienne poffeffion euft dépendu d'un ou de deux exemples de plus, ou de moins.

L'Aureur du Memoire des Prefidens n'a rien de nouveau à dire contre les Lits de Juftice de 1633. 1634. 1635. & 1641. Et à l'égard de celuy de 1643. pour la Majorité du Roy, il ne fait que repeter ce qu'il avoit déja dit dans fon premier écrit, & à quoy le dernier Memoire des Pairs répond fi bien.

2. Dans

2. Dans le fecond point de cette partie du Memoire, cet Auteur pour détruire l'ancienne poffefsion des Pairs, voudroit bien pouvoir réduire les fix exemples alleguez dans leur Requefte, à un, ou deux.

Il dit premierement, que dans la Seance de 1536. *qui fe tint fur le fu-* *jet de la commife & reverfion des Comtez de Flandres & Artois, à caufe de la* *felonie de l'Empereur Charles V. il ne paroift point dans les Regiftres du Parlement,* *ny dans les Memoires de du Tillet, que perfonne y ait opiné.*

L'on peut faire fur cela trois Reflexions, l'une que du Tillet ne mar-que en aucune Seance dans fes Memoires, les opinions, ny le rang au-quel on a opiné; mais feulement l'ordre des Seances, & les noms de ceux qui y ont affifté; de forte que c'eft alleguer peu à propos le té-moignage d'un Auteur celebre, que de le citer fur des circonftances dont il n'a jamais parlé.

L'autre que le Regiftre du Parlement qui rapporte cette Seance, eft perdu depuis long-temps, ainfi que je l'ay fçû d'un Commis du Greffe, après l'avoir moi-même fait chercher; de forte que l'on n'en peut fça-voir aucune nouvelle que dans les extraits, qui en ont été faits avant qu'il eût été perdu. Or le Ceremonial, qui ne dit rien de lui-même, & auquel on s'efforce fans fujet d'ôter creance, rapporte deux relations de ce même lit de Juftice, qui toutes deux marquent & que l'on y a opiné, & que les Pairs y ont opiné avant les Prefidens. La premiere eft prife *du Regiftre du Confeil, felon l'extrait du Prefident Briffon;* Et l'autre plus ample, eft *extraite d'un Regiftre des plaidoiers du Parlement, mis par écrit par* *Pierre le Maiftre, qui en eftoit alors Greffier.* Après cela je ne voy pas fur quel fondement on peut combatre des pieces fi autentiques, fans en pro-duire aucune qui leur foit contraire.

La troifiéme Reflexion nous fournit une preuve indubitable & que l'on doit avoir opiné en cette Seance, & que les Pairs y ont opiné les premiers. Car cette affaire étant une des plus confiderables que le Par-lement, affemblé comme Cour des Pairs, ait peut-être jamais décidée; puifqu'il s'agiffoit de faire le procés à un Empereur, & de confifquer fur luy deux grandes & riches Provinces; l'Avocat du Roy ayant long-temps plaidé contre l'Empereur, le Procureur General pris fes Con-clufions, l'affaire ayant été agitée dans toutes les formes, & l'Arreft d'affignation à cet Empereur, & cependant de commife, de reverfion & réünion des Comtez de Flandres, Artois, & Charolois, prononcé par le Chancelier au nom du Roy en cette forte: *Le Roi feant en fa* *Cour ayant eu Confeil & meure deliberation avec les Princes de fon Sang, Pairs* *de France, & autres fes Confeillers eftans en ladite Cour, a ordonné & ordonne,* *&c.* Aprés, dis-je, un Arreft donné avec tant de folemnitez, peut-on dire que la chofe ait été faite fans opiner? & les Pairs eftant nom-mez dans l'Arreft même, immediatement aprés les Princes du Sang, & avant tous les Officiers du Sang, & avant tous les Officiers du Parle-ment, peut-on revoquer en doute qu'ils n'y ayent pas auffi opiné les premiers? Cette confequence eft affûrement fans repartie.

Z.

Il y en a encore moins sur les deux Lits de Juſtice de 1563. & de 1581. que le Memoire des Preſidens pretend leur être favorables , ſous pretexte que ce n'étoit que de ſimples Seances de Conſeil , dans leſquelles l'honneur conſiſte à opiner les derniers ; Car voicy comment parle le Regiſtre du Parlement de celuy de 1563. *Ce fait ledit Chancelier s'eſt levé de ſa chaire , & aprés les reverences dûës faites , a parlé à genoux au Roi ſeul , puis à la Reine & à Monſeigneur enſemble , à Meſſieurs les Princes du Sang , Pairs & Seigneurs ſciz és hauts ſieges à la dextre ; repaſſant devant le Roi , & refaiſant leſdites reverences , eſt allé parler au Conſeil à Monſieur le Cardinal de Guiſe & Evêque de Noyon eſtant à la ſenextre. Deſcendu , eſt allé au Conſeil avec les Preſidens , Conſeillers & autres . . . . Ce fait remonté , parler au Roy , & luy rapporter ; aprés deſcendu , & aſſis , a prononcé , &c.* Et au Regiſtre du Lit de Juſtice du 7. Mars 1581. il eſt écrit ; *Ce fait Monſieur le Chancelier eſt monté vers le Roi , & aprés avoir pris l'avis & opinion deſdits Princes & Seigneurs eſtans és hauts ſieges ; il eſt deſcendu ; & a auſſi pris l'avis & opinion deſdits Preſidens , Maiſtres des Requeſtes , & Conſeillers. Et de rechef eſtant monté vers le Roy , s'eſt aſſis , & a dit.*

J'ay voulu rapporter tout au long les propres paroles du Regiſtre que j'ay moi-même fait extraire , pour monſtrer que l'on y a opiné comme l'on a accoûtumé de faire dans tous les autres Lits de Juſtice , & nullement comme l'on opine aux Seances, qu'ils appellent *de Conſeil* , & ce ſont les paroles mêmes des Memoires des Preſidens qui ne fourniſſent le fondement de cette preuve. Car le premier marque dans une note à la marge , & le dernier en parlant de la Seance de 1643. *que dans le Parlement quand on y eſt au Conſeil on opine ſans ſe lever , & chacun étant à ſa place , & qu'alors l'avantage eſt d'opiner les derniers* , au lieu que la forme ordinaire des Lits de Juſtice eſt d'y *opiner debout comme à l'Audience* ; ainſi il n'eſt pas difficile de conclure que puiſque l'on n'opina point aſſis & chacun à ſa place ; mais que le Chancelier monta aux Pairs , & deſcendit aux Preſidens comme on fait aux Audiences ordinaires , ces deux Seances ne furent point du nombre de celles qu'on appelle de Conſeil , mais de veritables Lits de Juſtice.

On peut encore faire voir la même choſe par deux autres circonſtances conſiderables , l'une , que le Chancelier étoit aſſis au ſiege du coin au deſſous du Roy , ainſi qu'il a accoûtumé d'être en ces rencontres ; & non à la tête du banc ordinaire des Preſidens , ainſi qu'aux jours de Conſeil : L'autre , que la Reine & Meſſieurs les Princes du Sang y opinerent avant les Pairs , & les Preſidens avant les Conſeillers d'Etat , & Maiſtres des Requeſtes ; de ſorte que ſi l'honneur eût alors conſiſté à opiner les derniers , les Pairs y euſſent opiné dans un rang plus honorable que la Reine Mere , & que Meſſieurs les Princes du Sang , & les Conſeillers d'Etat en un rang plus honorable que les Preſidens. Car ce ne ſont pas les robes rouges ou noires des Preſidens & des Conſeillers qui doivent donner la forme aux Seances , lorſque le Roy va au Parlement ; ny les jours du Lundy ou du Mardy , qui ne ſont point interdits aux Rois pour y te-

nir leurs Lits de Juſtice comme aux autres jours ; ainſi que l'on voit
par une infinité d'anciens exemples, & tout nouvellement dans le dernier du 29. Avril de cette année 1664. qui fut un Mardy : mais c'eſt
par les circonſtances que les Preſidens ont eux-mêmes remarqué ailleurs dans leurs Memoires, que l'on doit principalement juger de la
nature des Seances.

Le Memoire des Preſidens dit en troiſiéme lieu en parlant du Lit
de Juſtice de 1583. que *le Regiſtre en eſt ſi obſcur, que l'on ne peut voir ceux qui
y ont opiné les premiers* ; Et voici en quoy conſiſte cette obſcurité. *Aprés
que Monſieur le Chancelier eſt monté, & parlé au Roi ; il eſt deſcendu, & a parlé
aux Preſidens, puis aprés avoir pris l'avis des Ducs & Pairs*, qui ſont nommez
dans le Regiſtre, *puis des Preſidens, & des autres Conſeillers de la Cour : de rechef remonté, aprés avoir parlé au Roy, & s'eſtre aſſis, a dit,* &c. L'Auteur
du Memoire a bien de la peine à comprendre les choſes qui ſont contre
luy, mais ceux qui ſeront moins intereſſez, y trouveront moins d'obſcurité.

Car on ne ſçauroit les entendre en faveur des Preſidens, qu'en diſant
que lorſque le Chancelier a parlé au Roy, & aprés a parlé aux Preſidens, c'étoit pour leur demander leur avis en forme. Mais cette expli-
cation eſt inſoûtenable, ſi l'on conſidere qu'aprés que le Chancelier
eût pris *l'avis des Pairs, il le prit des Preſidens, & des ſieurs de Lenoncourt &
autres Seigneurs aſſis ſur les ſelles, & autres Conſeillers de la Cour.* Car aprés
avoir parlé la premiere fois aux Preſidens, & être monté aux Pairs, il
ne devoit plus retourner aux Preſidens, mais aller enſuite des Pairs aux
Conſeillers. C'eſt pourquoy il eſt viſible que la premiere fois qu'il
alla aux Preſidens aprés avoir parlé au Roy, ce n'eſtoit pas pour
prendre leur avis, mais ſeulement, ainſi que marque leur Regiſtre,
pour *leur parler* avant que de mettre la choſe en deliberation. Et en effet,
les Preſidens ont dit eux-mêmes dans le premier Memoire que le Roy
n'opine jamais d'abord ; auſſi ce Regiſtre dit ſeulement que *le Chancelier a parlé au Roy, puis a parlé aux Preſidens* ; & non pas qu'il ait pris leurs
avis avant que de mettre l'affaire en délibération. Mais lorſque le Chancelier alla aux Pairs, le Regiſtre ne marque pas ſeulement qu'il leur
parla, ainſi qu'il avoit fait aux Preſidens, mais qu'il *prit l'avis des
Pairs, & aprés des Preſidens, des Seigneurs aſſis ſur les ſelles, & des autres Conſeillers.* Ce qui eſt conforme à l'ordre ordinaire d'opiner ; & il eſt ſans
doute que ſi les Preſidens euſſent opiné d'abord, il n'euſſent pas opiné
encore une ſeconde fois, c'eſt à dire eux ſeuls deux fois, contre les autres une. D'où il faut conclure que le Regiſtre de cette Seance eſt trop
clair & trop poſitif en faveur des Pairs pour pouvoir jamais eſtre expliqué à l'avantage des Preſidens.

Le Memoire n'a autre choſe à dire contre les deux Seances de 1549.
& 1597. ſinon, *Que dans la premiere il n'y eut aucun ordre obſervé,* & la raiſon
qu'il en apporte eſt, que le Sieur de Saint André d'Albon Gouverneur
de Lionnois, prit place aux hauts ſieges auprés du Mareſchal de Saint

André son fils : *Ce qui fait voir*, conclud ce Memoire, *que les rangs ne furent point gardez en cette Ceremonie, & qu'elle ne doit pas être tirée à consequence.*
Voilà certes une admirable raison & bien convaincante pour ôter toute
autorité à cet ancien Lit de Justice ; Et le Roy Henry II. qui ne venoit
ce jour-là dans son Parlement que pour autoriser l'administration de
la Justice, s'y prit bien mal, en commençant ainsi d'abord d'en troubler l'ordre par cette Seance irreguliere.

Mais l'Auteur du Memoire devroit sçavoir que quand les Rois vont
au Parlement, il dépend d'eux d'y mener & faire seoir qui il leur plaît ;
& s'ils donnent tous les jours seance aux hauts sieges au Marêchaux de
France, qui par la nature & l'institution de leurs charges n'y ont point
de droit, le Roy Henry II. a bien pû y faire seoir pour une seule fois
un ancien Gouverneur de Province, pere d'un Marêchal de France,
quoique la chose fût extraordinaire : De même qu'à un autre Lit de
Justice, le Roy fit demeurer un Bâtard de Savoye aux hauts sieges, où
il s'étoit assis de luy-même, sans pour cela luy donner de droit pour
une autre fois ; non plus qu'à un Duc d'Albanie, Prince du Sang d'E-
cosse, que le Roy François I. fit en 1527. monter aux hauts sieges entre
les Pairs. Or de s'imaginer que ces graces extraordinaires que les Rois,
qui en sont les souverains distributeurs, ont quelquefois accordées, puissent vitier & donner atteinte à tout ce qui se passe en de pareilles Ceremonies, c'est une pensée sans raison & sans fondement.

3. L'Auteur du Memoire aprés s'être ainsi efforcé de détruire en particulier tous les exemples favorables aux Pairs dans les deux précedens
articles, il employe le troisiéme de cette seconde partie à faire un compte
general de toutes les Seances qu'il pretend être pour les Presidens ; & il
le fait d'abord en confusion, afin que par cet amas sans ordre, qui les
fait monter tout à la fois à un plus grand nombre, il puisse frapper plus
sensiblement l'esprit de ceux qui ne s'arresteront pas à les examiner en
détail, & à distinguer les temps ausquels les changemens sont arrivez.

En effet, si l'on a soin de cette distinction, ainsi qu'elle est marquée
dans le dernier Memoire des Pairs, on trouvera que depuis l'institution
des Presidens jusqu'en l'an 1610. il n'y a pas un seul exemple qui soit
pour eux : Car les Pairs ont assez bien répondu aux quatre exemples
de 1504. & 1523. dans lesquels il n'est nullement parlé de l'opinion ;
mais il est seulement dit dans le premier, que les Presidens & Conseillers furent aux hauts sieges ; & ce n'a esté que par esprit de mode-
ration & de retenuë, que les Pairs n'ont pas voulu relever le particulier
de cette Seance de 1504. qui fut pour la correction de l'amende qui
avoit esté adjugée contre le Cardinal d'Albret, parce qu'elle n'étoit
pas avantageuse à la Compagnie, & ne faisoit rien au sujet. Pour les
Seances de 1523. où il n'est point parlé de l'opinion, les Presidens y
sont seulement nommez avant les Pairs dans un Registre du Parlement.

Mais outre qu'en une autre relation de ces Seances les Pairs y sont
nommez

nommez les premiers, si l'on veut prendre droit par cet ordre auquel sont nommez ceux qui assistent en ces sortes de Ceremonies, & en tirer des consequences pour l'opinion, il ne faudra pas compter seulement en faveur des Pairs ces six Lits de Justice de 1536. 1549. 1568. 1583. & 1597. dont nous venons de parler; où il est marqué qu'ils opinerent avant les Presidens : Mais il faudra encore donner aux Pairs une infinité d'autres Seances, comme celles du 21. Février 1365. des 27. Juillet 13. Février & 25. Novembre 1366. du 24. Avril 1369. du 10. Avril 1396. du 26. Decembre 1413. du 5. Septembre 1458. des 22. & 25. Fevrier 1492. des 8. & 11. Juillet 1493. du 7. Juillet 1498. du 13. Novembre 1508. du 15. Fevrier 1521. des 24. 26. & 27. Juillet & 20. Decembre 1527. des 12. Novembre & 20. Fevrier 1551. du 15. Janvier 1557. du 10. Juin 1559. & plusieurs autres semblables où les Pairs sont nommez les premiers dans les Memoires mêmes de du Tillet ; de sorte que sur le fondement étably par les Ecrits même des Presidens (savoir, que l'ordre auquel ceux qui assistent à ces Seances sont nommez, est le même auquel ils y ont opiné) il faut conclure que dans ces 23. Seances, les Pairs y ayant été nommez les premiers, doivent aussi avoir été les premiers à y opiner; & ainsi en les ajoûtant aux six Seances precedentes, les Pairs auront pour eux avant 1610. vingt-neuf Seances.

Mais comme ce n'est pas principalement par le nombre des Seances qu'on acquiert la possession; il suffit de dire que les Pairs l'ont toûjours conservée sans aucune interruption jusqu'en l'année 1 6 1 0. & non pas seulement jusqu'en 1579. ainsi que le marque en plusieurs endroits le Memoire des Presidens; comme s'ils pouvoient compter leur possession avant que de l'avoir commencée. Car n'y ayant eu aucun Lit de Justice depuis celuy de 1597. auquel les Pairs, de l'aveu même des Presidens, avoient opiné avant eux, jusqu'en 1610. que les Presidens commencerent à entreprendre d'opiner avant les Pairs ; il n'y a nulle raison de vouloir gagner ces treize ans là, pour acquerir une plus ancienne datte à une possession qui n'avoit pas encore commencé alors à courir.

Or depuis 1610. il est visible par tout ce que nous venons de dire que cette nouvelle possession des Presidens a esté interrompuë par quatre fois durant 22. années; que depuis 1633. que les Pairs ont rentré en leur ancienne possession, ils en ont joüy durant douze ans fort paisiblement, & que la derniere entreprise que les Presidens ont faite dans la minorité du Roy, n'a pas duré plus de 17. ans.

Ainsi l'on peut conclure que la joüissance des Presidens en deux divers temps, & seulement depuis environ 50. ans, est plûtost une vraye usurpation, qu'une possession legitime; & un trouble violent, qu'une paisible joüissance; comme l'Arrest que le Roy a depuis peu rendu en faveur des Pairs sur ce differend le marque assez, lors qu'il dit, non pas simplement qu'il veut & ordonne que doresnavant les Pairs opinent avant les Presidens aux Lits de Justice, mais qu'il MAIN-

A a

TIENT ET GARDE *les Pairs au droit d'opiner & de dire leurs avis devant les Presidens aux Lits de Justice, sans qu'ils puissent estre troublez pour quelque cause & occasion que ce soit.*

REFLEXIONS

Sur la troisième partie du dernier Memoire des Presidens.

CETTE troisiéme partie du Memoire des Presidens, qui répond aux raisons de celuy des Pairs, contient plusieurs articles, sur lesquels je feray mes reflexions.

1. Sur la premiere réponse aux raisons des Pairs : qui est qu'on ne doit considerer en ces rencontres que la seule possession, il faut remaquer qu'*il est bien étrange* de vouloir répondre à des raisons en disant, que *la raison n'est point en son entier après un si long usage.* Car la raison doit toûjours estre consideréé parmy les gens raisonnables ; & tout usage qui luy est contraire, n'est plus un usage legitime, mais un abus. Or ce sont les abus & les desordres que le Roy, qui ne se conduit que par la raison, travaille avec une aplication si infatigable à retrancher de son Estat, & ce sont les premiers Magistrats qui doivent l'assister avec plus de zele, en ce qui dépend de leur ministere, pour l'accomplissement d'un dessein si juste, si glorieux, & si digne de sa Majesté.

J'avoüe bien que dans les choses qui ne dependent que de l'institution des hommes, un fort long usage, & qui ne se trouve interrompu par aucun acte contraire, a force de loy, & qu'ainsi la possession des Presidens seroit bien considerable, si elle estoit aussi ancienne, qu'elle est nouvelle ; mais un usage de dix-sept ou dix-huit ans en des choses de cette nature, & qui ne consiste qu'en des actes rares, & passagers, ne peut estre appellé un long usage ; & la raison subsistera toûjours pour les Pairs en son entier, lorsqu'elle sera soûtenuë, comme elle est, d'une possession aussi ancienne qu'est l'institution mesme de ceux qui la leur ont depuis quelque temps voulu disputer.

Aussi les Pairs auroient grand tort de combattre l'autorité de l'ancienne possession, puisqu'elle leur est si favorable, non seulement en cette rencontre, mais generalement en tout ce qui regarde l'eminence & les prerogatives de leur dignité ; & ils ne feront pas difficulté de de demeurer d'accord que cette possession est l'unique titre qui les leur puisse conserver, si l'on sçait bien distinguer la nature de leur possession, d'avec celle de la plufpart des possessions ordinaires.

Car la nouvelle possession des Presidens touchant l'honneur d'opiner, n'a que de simples actes, qui marquent seulement qu'ils ont opiné les premiers en plusieurs Lits de Justice depuis 1610. Mais la possession des Pairs, je ne dis pas simplement en ce qui regarde l'honneur d'opiner, mais generalement pour toutes les prééminences & prérogatives de leur dignité, est soûtenuë par des Actes autentiques,

qui ne marquent pas feulement qu'ils en ont joüy ; mais ce qui eft
bien plus confiderable, qu'ils avoient droit d'en jouïr, de forte que
ce font plûtôt des titres qui établiffent leur droit, que de fimples témoignages qui marquent leur poffeffion.

L'Auteur du Memoire pour rabaiffer autant qu'il luy eft poffible
l'éminence de la dignité de Pair, fe fait à luy-même ces queftions:
Où font écrits, dit-il, *leurs privileges? Qui leur a attribué toutes les prérogati-*
ves, par lefquelles ils prétendent fi fort fe diftinguer du refte de la Nobleffe ? Y
a-t-il des Ordonnances & des Loix d'Eftat, ou des conceffions particulieres des
Rois, qui en ayent fait un ordre feparé, & élevé au deffus des plus grandes &
anciennes maifons du Royaume? Puis il en examine l'origine, & conclud
que prefque tous leurs droits n'étoient que des ufurpations fur la
Royauté, qui ont ceffé par l'extinction de ces anciennes Pairies.

Je répond premierement que fi l'on regarde leur ancienne inftitution, il en eft de même que de la Loy Salique, & des plus autentiques droits de la Couronne, dont la premiere origine eft fi ancienne,
ou qu'il n'en eft demeuré jufqu'à nous rien d'écrit, ou plûtoft que ne
l'ayant jamais été, elle s'eft établie par le confentement general dés
peuplesde la nation, & s'eft confervée inviolable dans les cœurs de tous
les François, & dans la pratique de douze fiecles. C'eft ainfi que le
titre primordial de l'établiffement des Pairs & de tous leurs privileges
ne fe trouve point, parce qu'encore que le nom n'en foit pas fi ancien, leurs prérogatives & leurs droits ne le font pas moins que la
Monarchie.

Cela fe voit dans la plûpart des Auteurs François, qui marquent
que dés fon premier commencement, les Rois de la premiere Race
fe font fervis des Grands de leur Royaume pour l'adminiftration fouveraine de la Juftice, & des principales affaires d'Eftat, dans les anciennes Affemblées que l'on appelloit autrefois *Placita, Sannes, Conciles, &*
Parlements. L'on en trouve un marqué dans l'hiftoire, qui fut tenu dés
l'an 620. à Bonneüil prés Paris par le Roy Clotaire & qui étoit compofé de Seigneurs & d'Evêques. Dans ces Parlemens qui fe tenoient
autrefois au moins une fois l'année, & qui depuis Pepin fe rendirent
plus frequens durant la feconde Race, les Rois traitoient des plus
importantes affaires d'Eftat, ils y recevoient les hommages des Princes
leurs vaffaux, & les tributs des peuples qu'ils avoient foûmis ; comme
Pepin, qui y reçut l'hommage de Thaffillon Duc de Baviere, & les
tributs des Saxons : ils y faifoient omologuer leurs plus confiderables difpofitions, & Ordonnances, comme Charlemagne, qui y fit
recevoir le partage qu'il avoit fait de fes Etats & de fes biens entre fes
enfans : Ils y faifoient juger les plus grands Princes ; comme en un
Parlement tenu prés de Mayence, ou Thaffillon Duc de Baviere fut
condamné à mort. On y décidoit auffi des differends touchant la fucceffion à la Couronne, & ç'ont été ces premieres perfonnes de l'E-
glife & de la Nobleffe, qui ont fi fouvent ufé de ce droit durant la fe-

conde Race , en couronñant & inftallant-les Rois dans leur Trône au nom de toute la France : Et enfin ç'a été par leur miniftere , que Hugues Capet, l'augufte Chef de la troifiéme Race de nos Rois, a été heureufement élevé à la Couronne, & les Rois fes fucceffeurs maintenus dans le droit d'une fucceffion legitime.

Tous les anciens Auteurs ont écrit ces chofes, & d'autres plus recens ont remarqué que les premiers qui ont pris l'illuftre nom de Pairs de France un peu avant l'an 1200. ont tous été les fucceffeurs de ces premiers Chefs de la Nobleffe. *Il n'y a eu aucun Pair*, dit le celebre Hiftorien Vignier, *de ceux qu'on appelle Laics, ne fief de Pairie, qui ne fuft Prince , ou fuccefjeur d'aucun de ceux qui l'étoient ; & ce à raifon aufji du même fief, devant que Hugues Capet vint à la Couronne. De forte que s'il fe fût avifé , ajoûte-t-il , de donner fa Duché de France à aucun de fes enfans, fans la réunir & incorporer au Domaine Royal , nous euffions eu fept Pairs , au lieu de fix , parce qu'il y avoit eu fept grands & principaux Princes auparavant.*

C'eft donc premierement dans tous ces anciens Auteurs que font écrits les droits & privileges des Pairs ; & c'eft la fucceffion aux Princes & Seigneurs de ces anciens fiefs Royaux de Duchez & de Comtez, qui a attribué aux premiers Pairs toutes leurs prerogatives. Et comme tout le refte de la Nobleffe relevoit d'eux, ainfi qu'eux-mêmes relevoient du Roy, il n'y a pas lieu de s'étonner qu'ils en fuffent fi fort diftinguez, & qu'ils fuffent un ordre feparé, & beaucoup élevé au deffus des plus Grands du Royaume, qui n'étoient que leurs vaffaux.

Et quoy qu'il foit vrai que dans cette origine des Pairs, ces fix Princes & premiers Seigneurs du Royaume, qui les premiers prirent ce grand nom, relevaffent en plein fief du Roy; ce n'eft pas à dire, que tous ceux qui depuis fe font trouvez vaffaux immediats de la Couronne, ayent eu droit de prendre d'eux-mêmes ce même titre, & de s'attribuer en vertu de cette mouvance directe l'éminente dignité de Pair. Mais il faloit, ou être fuccefleur de ces fix premiers Pairs, qui, felon qu'en parlent les Auteurs, l'étoient *de plein droit*; ou bien obtenir cette grace par la conceffion des Rois. La même chofe fe voit dans les Seigneuries particulieres qui ont encore leurs Pairs ; Car tous les fiefs qui en relevent immediatement, ne font pas pour cela des Pairies : Et il n'y a que ceux, ou qui dés le commencement ont eu le droit de cette feodalité immediate, ou qui ont depuis obtenu ce titre, par une faveur particuliere de leur Seigneur fuzerain ; de forte qu'on ne peut pas dire que ce foit fimplement l'ufage qui empêche qu'il n'y ait maintenant autant de Pairs qu'il y a de Seigneurs mouvans immediatement du Roy.

Je répond en fecond lieu ; qu'encore que la premiere origine des Pairs, & ce qu'en ont écrit les anciens Auteurs, nous marque affez leurs prérogatives & leurs privileges; l'on ne laiffe pas d'en trouver encore dans toute la fuite du temps des titres tres-autentiques ; dans une infinité d'Actes publics, dans les jugemens folemnels qu'ont rendu les

Pairs,

Pairs , dans les Lettres & les Ordonnances des Rois , dans les érections des nouvelles Pairies, & dans une infinité d'autres témoignages par écrit, qui se sont confervez jufques à nous.

L'on voit leur ancien droit de facrer , couronner, & recevoir les Rois à leur avenement à la Couronne ; non feulement dans tous les Couronnemens des Rois de la feconde Race , & des premiers de la troifiéme, rapportez par les anciens Auteurs ; mais encore plus expreffément dans l'ordre du Sacre & Couronnement de nos Rois, rapporté par du Tillet, qu'on dit que le Roy Loüis le Jeune fit dreffer l'an 1179. & qui depuis a été enregiftré en la Chambre des Comptes à Paris. Cet ancien ordre du Sacre a été fuivi de plufieurs autres, dont la plûpart témoignent que les chofes s'y font obfervées felon ces ordres & ces reglemens. On trouve plufieurs Lettres des Rois adreffées aux Pairs , pour les avertir de s'y trouver , & des actes que les Rois ont donnez à ceux qui y avoient manqué , pour leur remettre cette faute, en forte qu'elle ne leur pût faire tort à l'avenir ; ainfi que fit Philippe le Long en 1316. au Duc de Bretagne : Et c'eft ce qui fait que nous avons auffi des Lettres que les Pairs écrivoient aux Rois , pour s'excufer quand ils ne pouvoient pas y affifter. Les fonctions des Pairs en ces auguftes Ceremonies , peuvent auffi fervir de titre trés-autentique de l'éminence & des prérogatives de leur dignité.

L'on voit qu'ils font les principaux membres, les défenfeurs & les foûtiens de la Couronne, & avec quel attachement ils y font unis , dans deux difcours que les Procureurs generaux firent au Parlement, l'un en 1310. & l'autre en 1364. dans les lettres par lefquelles le Roi Philippe de Valois fomma en 1337. le Duc de Gueldres pour le fecourir contre le Roi d'Angleterre: Dans les défenfes du Comte de Montfort en 1340. Dans l'érection de Mafcon en Pairie en 1359. dans une Lettre de Jean Duc de Bourgogne écrite au Roy Charles VI. en 1415. en ce qui fe paffa aux eftats Generaux affemblez à Orleans en 1467. en ce que dit l'Avocat General dans le Parlement en 1487. & une infinité d'autres Actes.

L'on voit leur droit de décider des differends qui peuvent naître pour la fucceffion à la Couronne , non feulement marqué dans tout ce qu'en ont dit les anciens Auteurs , & un Procureur general du Roy en 1359. & dans l'aveu même du Roy Charles le Bel , qui étant prêt de mourir en 1328. *remit aux douze Pairs & hauts Barons de France aprés avoir eu confeil & avis entr'eux , d'en ordonner, & de donner le Royaume à celui qui avoit le droit par droit* ; mais même étably & exercé dans le celebre jugement qu'ils rendirent enfuite en 1328. en faveur de Philippe de Valois , dans le Couronnement de Philippe le Long peu auparavant ; & fi l'on veut remonter plus haut , & avant même qu'ils portaffent le nom de Pairs , dans les frequens changemens de la feconde Race , & l'exaltation de Hugues Capet.

L'on voit leur prérogative finguliere d'être les Confeillers nez & ordinaires des Rois pour les affaires d'Etat qu'il leur plaît leur communiquer, non feulement en du Tillet, Choppin, Matthieu Paris , Belcarius , &

B b

plufieurs autres Auteurs , tant anciens que modernes ; mais encore dans les Lettres d'érection du Comté d'Anjou en Pairie en 1297. en celles de Poitou & de la Marche en 1315. & 1316. en celle du Comté de Mafcon en 1359. & dans une infinité d'autres. Mais il n'y a rien qui prouve mieux ce privilege que les actes mêmes, aufquels ils ont exercé cette fonction, comme en 1325. où ils furent reconnus juges & arbitres de l'execution du Traité de Paix que S. Loüis avoit fait avec Ferrand Comte de Flandres. La même chofe arriva en 1305. fur le differend du Traité fait entre Philippes le Bel & les enfans de Guy Comte de Flandres ; En 1319. le Pape propofa la même chofe, mais avec des conditions que l'inviolable fidelité des Pairs envers le Roy leur empêcha d'accepter; en 1361. les Pairs s'obligerent à l'entretien & execution du Traité de Bretigny entre le Roy Jean , & le Roy d'Angleterre ; En 1482. pareille chofe eft ftipulée par le Traité fait à Arras, entre le Roy Loüis XI. & le Duc Maximilian d'Auftriche , & dans une infinité d'autres actes femblables.

La Jurifdiction de la Cour des Pairs , tant pour décider les grandes caufes du Royaume, que pour juger des plus grands Princes , & de leurs confreres , eft marquée dans un fi grand nombre d'actes qu'il feroit infiny de les rapporter.

Leurs prérogatives touchant leurs caufes , la dignité de leurs Juftices, & les droits de leurs Duchez , font auffi marquées en plufieurs Lettres des Rois , & dans un grand nombre d'autres actes que l'on trouve dans les Regiftres.

Leurs rangs ordinaires , & leur préeminence dans le Parlement , fe voyent auffi dans ces mêmes Regiftres en une infinité de rencontres depuis fon premier établiffement.

Et enfin les rangs honorables que les Rois leur ont toûjours accordez dans toutes les grandes ceremonies , & les termes dont ils parlent de ces dignitez dans toutes les Lettres d'érection témoignent affez clairement la préeminence des Pairs par deffus tout le refte de la Nobleffe , comme en étant les Chefs , les premiers Seigneurs , & les Juges naturels. En effet , les Rois ont quelquefois appellé les Pairs , *Laterales* ; d'autrefois *des membres & des portions de la Royauté* ; en d'autres lieux , *les défenfeurs & gardes de la Couronne* , & *les grands Seigneurs de France* ; & ils ont nommé les Pairies , *les plus beaux & les plus hauts titres de l'Etat* ; *Les premiers grades d'honneur* ; *les plus éminentes* , & *les fuprêmes dignitez du Royaume* ; *les plus grandes* , & *plus venerables recompenfes des plus élevez de leurs fujets* ; & *des dignitez royales.*

Dans ces mêmes Lettres d'érection les Rois ayant auffi parlé du rang que les Pairs doivent tenir dans les affemblées de Nobleffe , & par tout ailleurs , je ne comprens pas comment on peut demander où font écrits ces privileges , & que l'on ait peine à comprendre que ce qui eft le premier titre , & le plus fublime grade d'honneur ; la plus éminente , la fuprême dignité , & la plus grande recompenfe de ce qu'il y a de plus grand & de plus noble dans l'Etat , foit au deffus du refte de la Nobleffe.

Il y auroit dequoy faire un gros volume, fi on vouloit rapporter tous les actes & tous les titres qui marquent la grandeur, la préeminence, les privileges, & les droits de la dignité de Pair, que l'Auteur du Memoire des Prefidens pretend n'avoir jamais été écrits en quelque acte que ce soit; c'eft pourquoy n'en ayant à mon fens déja que trop dit pour faire voir le peu de fondement de ce qu'il a avancé fur ce fujet, je me contenteray, en finiffant ce premier point, de remarquer fur ce qu'il a ajoûté, que les droits des anciens Pairs n'eftoient que des ufurpations fur la Royauté, que c'étoient plûtôt des ordres & des établiffemens pour la maintenir dans toute fon autorité & fa fplendeur.

Le dernier memoire des Pairs a fort bien diftingué les entreprifes illegitimes, aufquelles la puiffance exceffive des Ducs de Bourgogne, & de Guyenne, & des Comtes de Flandres, qui poffedoient de grands biens & de grands Etats, les ont quelquefois portez; d'avec les droits legitimes, qui appartenoient juftement à la qualité de Pair : Et il a remarqué que cette puiffance étrangere à leur dignité, ayant ceffé par la réünion de ces grands fiefs à la Couronne, toutes leurs prétentions injuftes, qui n'étoient fondées que fur cet excés de puiffance, ont auffi ceffé; de forte que les Pairs qui les ont fuivis, ont feulement herité des droits legitimes, des juftes prérogatives, & des veritables privileges qui appartenoient de tout temps à la dignité.

Ainfi il eft vray de dire, nonobftant ce qu'avance fans fondement l'Auteur du Memoire, que les Pairs d'à prefent ont reçû par la fuite non interrompuë d'une longue tradition, & d'une fucceffion continuelle, ces mêmes prérogatives & ces mêmes droits; & que les Rois auront d'autant plus de foin de continuer à les maintenir dans ces avantages, que leur préeminence & leur grandeur ne peut être préjudiciable à la Royauté; car étant effentiellement foûmis aux Rois par la nature de leurs dignitez, ils ne peuvent jamais dans quelque élévation qu'ils puiffent être, fortir de cette fubordination effentielle, & de cette neceffaire dépendance qu'il y a d'eux à leur Roy. Et les Rois font fi infiniment élevez au deffus de tout, qu'à quelque degré d'honneur & d'autorité qu'il leur plaife d'élever les Pairs, ce fera toûjours fans alterer cette diftance prefque infinie, qui fe rencontre neceffairement entre des fujets & leur Souverain.

2. L'Auteur du Memoire ne trouveroit pas fi fott à redire à ce qui eft dit de Meffieurs les Princes du Sang, au commencement de la Requefte, & ne s'imagineroit pas que les Pairs y vouluffent faire comparaifon avec eux, s'il avoit bien compris le fens & la force du raifonnement qu'il combat avec fi peu de fondement. Car les Pairs fçavent affez la difference qui fe rencontre entre le Sang Royal, & tout ce qu'il y a de plus grand dans le Royaume, pour ne pas tirer à confequence en leur faveur les prérogatives fingulieres qui leur font dûës. Auffi n'ont-ils pas pretendu devoir opiner avant les Prefidens, feulement parce que Meffieurs les Princes du Sang joüiffent de cet avantage; mais ils ont feule-

ment dit que la conſequence que les Preſidens tireroient contre eux, de la préſeance qu'ils ont dans les aſſemblées ordinaires, ne ſeroit pas moins déſavantageuſe à Meſſieurs les Princes du Sang. Et en effet, ſi les Preſidens ont droit d'opiner avant les Pairs aux Lits de Juſtice, parce qu'ils ont la préſeance ſur eux dans les aſſemblées ordinaires, comme Preſidens, & comme y repreſentant le Roi; n'auront-ils pas la même raiſon & le même droit d'opiner avant Meſſieurs les Princes du Sang en ces mêmes Lits de Juſtice, puiſque dans les aſſemblées ordinaires ils ſont auſſi Preſidens à leur égard, & y joüiſſent preferablement à eux des autres honneurs ? Si donc ils cedent à Meſſieurs les Princes du Sang dans les Lits de Juſtice l'honneur de l'opinion, qu'ils ne leur cedent point dans les aſſemblées ordinaires, il faut qu'ils confeſſent une verité, qu'ils combattent cy-aprés, ſçavoir, que la preſence du Roy change tout-à-fait l'ordre des Aſſemblées du Parlement, & qu'ils ne diſputent point aux Pairs ce même honneur que la preſence de la Majeſté royale, au côtez de laquelle ils ſont aſſis, leur fait obtenir.

Les Preſidens qui ont commencé en 1610. à entreprendre ſur l'ancien droit des Pairs de France, avoient bien compris cette conſequence ; c'eſt pourquoi ils opinerent avant Meſſieurs les Princes du Sang, toutes les fois qu'ils opinerent avant les Pairs juſqu'en 1632. que le Cardinal de Richelieu commença à interrompre le cours de ce nouvel abus. Auſſi les Preſidens firent alors grand bruit, diſant au Garde des Sceaux, *que la forme qu'il tenoit eſtoit extraordinaire;* & ce qui eſt de merveilleux, c'eſt que parlant de ce déſordre, commencé alors depuis peu d'années, & interrompu par quatre fois, ils ajoûterent : *Que l'ordre eſtoit d'aller premierement recevoir la volonté du Roi ſeul, & de deſcendre enſuite vers les Preſidens, avant que de monter pour prendre l'avis de Meſſieurs les Princes du Sang.* Ce qui obligea le Garde des Sceaux de leur dire que *le Roi faiſoit ce qu'il lui plaît.* Et en effet il eſt viſible par la maniere dont ils parlent en cet endroit du Memoire, qu'ils ne pretendent pas que cet honneur ſoit dû à Meſſieurs les Princes du Sang, mais ſeulement ainſi qu'ils parlent, *parce que Sa Majeſté en uſe comme il lui plaît, & qu'elle a trouve cela à propos depuis quelque temps.* Je laiſſe à juger aprés cela, qui des Pairs ou des Preſidens, reconnoiſſent mieux ce qu'ils doivent au Sang Royal.

3. Le Memoire des Preſidens, pour répondre à ce que la Requeſte des Pairs avoit remarqué, que le rang des Preſidens dans le Parlement n'étant fondé que ſur ce qu'ils repreſentent le Roy lorſqu'il eſt abſent, ils doivent perdre ce rang quand le Roy ſe trouve preſent en perſonne dans tous les Lits de Juſtice, ils diſent deux choſes.

L'une, qu'ils y conſervent toûjours leur qualité de Preſidens.

L'autre, qu'ils y conſervent auſſi toûjours leurs mêmes habits de Preſidens, qui ſont les mêmes que ceux des anciens Rois.

Comme le dernier Memoire des Pairs a ſuffiſamment répondu à ces deux raiſons que les Preſidens avoient déja mis dans leur premier Ecrit, je me contenteray d'obſerver icy touchant la premiere, que lorſque les

Rois

Rois vont tenir leur Parlement, ils font affez voir par l'ordre de la
Seance qu'ils y ont de tout temps fait obferver, qu'ils ne veulent pas,
nonobftant ce qu'en dit le Memoire des Prefidens, *conferver les rangs
fans y rien changer*; mais au contraire qu'ils ont eu deffein de changer en
ces rencontres les rangs des premiers Officiers du Parlement; puifqu'ils
les font defcendre aux bas fieges, & qu'ils font monter les Pairs en haut
en leur place. Car c'eft un changement fi confiderable, que cela feul fuffit
pour regler tout le differend. Et en effet, quoique les Prefidens n'y foient
pas dépoüillez de leur titre & de leur nom de Prefidens, il eft fans doute
qu'ils y perdent l'honneur de la Seance, & l'avantage d'y préfider; &
qu'ainfi que l'a remarqué le dernier Memoire des Pairs, ils n'y affiftent
plus que comme Confeillers après les Pairs; car autrement il n'y auroit
aucune raifon qui les pût empecher de conferver le rang ordinaire qu'ils
ont aux hauts fieges.

Quant à la raifon qu'ils ajoûtent, de ce qu'encore que de huit Prefidens il n'y en ait qu'un feul qui preside, les autres fept ne laiffent pas de
joüir des mêmes honneurs; fur quoy ils difent que les Pairs fe font trom-
pez dans leur Requefte, d'avoir crû que le Parlement fût prefidé par huit
perfonnes: J'avoüe que j'avois crû que les Pairs ne les avoient pas peu
obligez de leur fournir en cette occafion l'unique raifon qu'ils puiffent
avoir, pour maintenir l'ufage qu'ils ont introduit, de rendre les mêmes
honneurs à tous les autres Prefidens, qu'à celuy même qui preside. Car
s'ils abandonnoient cette raifon; s'ils demeuroient d'accord que les fep-
autres Prefidens n'ont point de part à la prefidence actuelle, qui eft part
ticulierement exercée par le premier d'entre eux; & s'il n'y avoit en effet
que l'un des huit qui prefidât, les autres fept ne confervant que le feul
nom & titre de Prefidens, qui leur donne feulement, ainfi que l'explique
leur Memoire, le droit de prefider dans les Affemblées ordinaires en
l'abfence les uns des autres; il s'enfuivroit qu'il n'y en auroit jamais qu'un
feul, qui prefidant & reprefentant le Roy dans les Affemblées ordinaires,
y dût joüir des premiers honneurs; & même que nul des huit n'en devroit
joüir quand M. le Chancelier y preside. Et pour ce qui eft des Lits de
Juftice où le Roy prefidant, aucun d'eux ne peut jamais prefider, il n'y a
nul fondement d'y vouloir conferver ce que la feule prefidence, au moins
en puiffance, leur fait obtenir dans les Affemblées ordinaires.

L'Auteur des Memoires établit enfuite pour maxime, que *ce font toûjours
ceux qui tiennent les premieres places dans les Compagnies qui y prefident*, & il en
conclud que *fi les Pairs eftans du Corps du Parlement pretendent d'y tenir le premier rang en prefence du Roi, il feroit d'une confequence toute entiere qu'ils devroient
eux-mêmes y prefider quand le Roi n'y eft pas prefent*. Pour tirer la derniere con-
clufion de ce raifonnement, il eût fallu ajoûter, que puifque les Pairs ne
prefident pas; il s'enfuit qu'ils n'y tiennent pas le premier rang. Mais tout
cela n'eft fondé que fur ce même équivoque, que l'Auteur du dernier
Memoire des Pairs a fi bien fait remarquer, qui confond perpetuelle-
ment les Seances ordinaires du Parlement avec celles des Lits de Juftice,

quoiqu'il y ait une trés-effentielle difference ; C'eft pourquoi le rang que l'on a dans les unes, ne tire point à confequence pour les autres. Ainfi quoiqu'il foit vray que les Pairs tiennent le premier rang en la prefence du Roy, ce n'eft pas à dire qu'ils doivent prefider en fon abfence ; non plus qu'encore que les Prefidens tiennent le premier rang dans les Affemblées ordinaires, lorfque le Roy n'y eft pas, ce n'eft pas à dire qu'ils le doivent tenir, ny encore moins prefider, dans ces Seances extraordinaires où les Rois font en perfonne. Et comme dans les Affemblées ordinaires les Pairs font partie du Parlement pour affifter au jugement des fujets du Roy ; de même dans tous les Lits de Juftice, les Prefidens, auffi-bien que tout le refte du Parlement, ont l'honneur de faire partie de la Cour des Pairs, & de luy être affociez en ces rencontres pour la décifion des grandes affaires ; dont les Pairs, ainfi qu'il paroift par leur ferment, font les Juges naturels & ordinaires.

Cette diftinction fuffira pour éclaircir tous les raifonnemens femblables de ces Memoires des Prefidens, comme celuy qui eft peu après dans leur dernier, où ils veulent que les Pairs declarent s'ils *renoncent tout-à-fait à eftre du Corps du Parlement*. Et ils ajoûtent, *qu'il ne fut jamais dit qu'un Officier d'une Compagnie pût preceder les Prefidens, lorfqu'elle eft affemblée*. Car dans les Lits de Juftice les Pairs ne font nullement Officiers du Parlement; ny les Prefidens du Parlement ne font nullement Prefidens de la Cour des Pairs, & des Affemblées des Lits de Juftice ; mais plûtôt les Prefidens, auffi-bien que les Confeillers, font Officiers de la Cour des Pairs, dont le Roy feul eft le Chef, & le Prefident.

La feconde raifon dont l'Auteur de ce dernier Memoire fe fert pour prouver que les Prefidens confervent dans les Lits de Juftice le même avantage qu'ils ont dans les Affemblées ordinaires, eft qu'ils y confervent leurs mêmes habits; & il s'obftine encore en ce Memoire à prouver ce qu'il avoit avancé dans le premier, que ce font les habits des anciens Rois.

Comme le dernier Memoire des Pairs a répondu à cette penfée, je me contenteray icy de remarquer que celuy qui a dreffé le Memoire des Prefidens n'a pas lû en original le Journal d'un Ecclefiaftique de Paris, qu'il cite, lequel a écrit depuis l'an 1409. jufques en 1449. car il en rapporte ces paroles : *Le Roi avoit l'habit que portent les Prefidens au Parlement ;* Et ayant pris foin de verifier moi-même la chofe fur l'original, j'y ay trouvé que ce Journal dit feulement, que les Rois de France & d'Angleterre entrant à Paris, *furent veftus de rouge couleur.* Mais ce qui a trompé l'Auteur du Memoire, eft qu'il s'eft contenté de fuivre Fauchet, lequel en rapportant les paroles de cet Ecclefiaftique y ajoûte ces mots, *Ainfi que les Prefidens de la Cour de Parlement,* non pas pour marquer que l'habit du Roy en cette entrée, fuft femblable en toutes chofes à celuy des Prefidens, mais il en a feulement voulu défigner la couleur. Et en effet, le même Fauchet dit au même lieu que les habits des Rois ont été de temps en temps fort differens.

Quant au Tableau de Charles VI. qui eſt ſous le Crucifix de la Grand'Chambre, il eſt bien vray que la robe de ce Roy eſt rouge, mais outre qu'elle n'eſt point taillée, ny chargée de ces grandes fourures, ainſi que les robes des Préſidens; la verité eſt que le Manteau Royal qui le couvre, eſt d'un violet brun ou tanné, parſemé de fleurs de Lys, & doublé d'une fourrure d'hermines, ainſi que les manteaux de Duc; & non d'une fourrure par rayes, ainſi que celle des Préſidens.

Mais pourquoi rechercher dans les Auteurs ce que nous avons pû voir en nôtre temps de nos propres yeux. Car dans les Sacres & Couronnemens, qui ſont de ces ſortes de Cérémonies, où l'on conſerve inviolablement les anciennes manieres d'habits, les Rois les y portent tout d'une autre couleur, & d'une autre figure que les Préſidens.

Et pour marquer que les habits des Préſidens ne ſont point ſi myſterieux que l'Auteur des Memoires nous les dépeint, il ne faut que conſiderer l'habit des Chanceliers qui ſont les Chefs de la Juſtice, & qui préſident les Préſidens mêmes. Car il eſt ſans doute que ſi ceux des Préſidens repreſentoient ce qu'ils s'imaginent, les Chanceliers les porteroient préférablement aux Préſidens; & cependant l'on voit le contraire. De même auſſi ſi ces habits étoient ſi conſiderables, ſans parler des Docteurs en Medecine qui les portent ſemblables aux Préſidens, on ne les auroit pas non plus accordez aux Greffiers du Parlement; & aprés tout, ces remarques d'antiquité ſont plus curieuſes qu'elles ne ſont ſolides & propres au ſujet dont il s'agit.

6. Je ne m'arrêteray point à faire aucune remarque ſur ce que l'Auteur du Memoire dit icy d'abord, *Qu'on ne peut comprendre ce que la Requête des Pairs veut dire, qu'ils parlent aſſis & couverts dans les Lits de Juſtice, & que les Préſidens n'y parlent que debout & découverts.* Car aprés s'être d'abord fait un monſtre pour le combattre en appliquant à la maniere d'opiner, ce que la Requête des Pairs avoit dit de parler devant le Roy, il revient enſuite à l'expliquer comme les Pairs l'ont entendu; ſçavoir, que c'eſt lorſqu'on fait quelque diſcours dans ces ſortes de Seances, en la preſence de Sa Majeſté; mais il eſt aſſés étrange qu'il ne veüille pas avoüer l'honneur que les Rois ont accordé de tout temps aux Pairs, de les faire parler en ces rencontres aſſis & couverts. Et en effet, encore qu'autrefois on ne mît pas par écrit toutes ces petites circonſtances, on les trouve neanmoins marquées en quelques Lits de Juſtice, & nous nous contenterons de rapporter celuy du 12. Février 1551. où le Regiſtre marque que le Duc de Montmorency Pair & Conneſtable de France, *ayant reçu commandement du Roy de parler à l'Aſſemblée, il ſe mit à un genoüil, tête nuë devant Sa Majeſté, qui luy commanda* DE SE RASSEOIR ET DE SE COUVRIR. *Qu'enſuite les Cardinaux en ayant fait de même, Sa Majeſté leur commanda ainſi qu'au Conneſtable de ſe raſſeoir, & de ſe couvrir.* Mais qu'aprés cela *le Préſident le Maiſtre, Premier Préſident de la Cour de Parlement, voulant parler au Roy, au nom de la Cour ſe mit comme les autres à un genoüil & nue tête, ce que firent auſſi en même temps les autres Pre-*

fidens, & tous les Conseillers d'icelle Cour, & Sa Majesté leur commanda de se lever, MAIS NON DE SE RASSEOIR ET DE SE COUVRIR.

Sur ces paroles, qui ne peuvent pas être plus claires, pour faire voir le contraire de ce qu'a dit l'Auteur du Memoire, je feray trois réflexions.

La premiere, que les sujets du Roy, quelques grands qu'ils soient, sont si infiniment au dessous de la grandeur & de la Majesté Royale, que d'eux-mêmes ils doivent se porter à rendre à leur Souverain les mêmes marques de soûmission & de respect, que les moindres de ses sujets. C'est pourquoy le Connestable & les Cardinaux mirent d'abord un genoüil en terre en parlant devant le Roy, ainsi que font les Presidens. Mais le Roy qui est le souverain distributeur des honneurs, & à qui il appartient, pour maintenir l'ordre dans son Etat, de faire difference entre ceux qu'il luy a plû élever au plus sublime degré d'honneur, & ceux qu'il a etably dans un rang moindre, témoigna assez en faisant couvrir & asseoir ce Connétable, & en laissant les Presidens debout & découverts, la difference qu'il y a entre les Pairs, & les Presidens.

Je remarqueray en second lieu, qu'alors tous les Conseillers se mettoient à genoux lorsque le Premier President commençoit de parler au Roy, de sorte que les autres Presidens n'y avoient en cela aucun avantage; Et celuy que l'Auteur du Memoire pretend tirer de ce que dans ces derniers temps il n'y a que les seuls Presidens qui se levent(il pouvoit dire qui mettent un genoüil en terre) a bien peu de fondement; & cette parole qu'il porte au nom du Parlement, n'empêche pas qu'il ne soit libre aux autres Presidens, & même aux Conseillers, de parler eux-mêmes en ces rencontres, ainsi qu'il s'est souvent pratiqué.

Je remarqueray en troisiéme lieu, que lorsque le Premier President porte la parole au Roy, ce n'est nullement pour les Pairs, mais seulement pour le Parlement; c'est-à-dire, pour ce Parlement ordinaire, lequel pour lors est associé à la Cour des Pairs. Et comme ce n'est que pour expliquer à Sa Majesté les sentimens de la Compagnie dont il est le Chef ordinaire, & desquels il doit estre mieux informé que personne, ce n'est pas même le Chancelier qui fait cette fonction. Aussi la relation marque seulement que quand le President le Maistre parla, ce fut *au nom de la Cour,* c'est à dire du Parlement, à la teste duquel il se trouve; Mais si les Pairs avoient quelque chose à faire sçavoir à Sa Majesté, & à toute la Compagnie, ce ne seroit point aux Presidens du Parlement, qui en ces rencontres ne sont point leurs Presidens; mais à quelqu'un des Pairs seulement, à porter la parole pour ses confreres; & en ce cas l'usage constant & perpetuel est, qu'aprés avoir commencé à parler debout & découverts, les Rois les font asseoir & couvrir.

5. Sur ce que les Presidens répondent à la consequence que les Pairs ont tirée dans leur Requeste, de ce qu'ils sont assis aux hauts sieges & les Presidens seulement en bas, l'on observera.

Premierement, que la place du Roy estant la premiere, il est sans
doute

doute que celles qui font en haut à fes deux coftez, & aufquelles fe met la Reine, fuivie de M. les Princes du Sang, doivent eftre les plus hono-rables. Et il n'eft point befoin en cela de raifonnement, puifque les yeux & le fens commun fuffifent pour eftre perfuadé qu'en ces rencontres les places fur les hauts bancs, font preferables à celles des bancs d'en bas où fe mettent les Prefidens. Cette verité inconteftable eftant pofée, la maxi-me que l'Auteur du memoire a cy-devant avancée, *Que ceux qui tiennent les premiers rangs dans les Affemblées, y doivent prefider*, nous donne lieu d'en conclure par une confequence infaillible, que puifque les Pairs y tiennent après le Roy le premier rang, ils y doivent, finon prefider, puifque c'eft le Roy feul qui y prefide, au moins preceder les autres, & y jouir de tous les honneurs preferablement aux Prefidens, qui n'y tiennent pas un rang fi confiderable.

L'on obfervera en fecond lieu, que l'Auteur du Memoire a fi bien veu la force de la confequence qu'ont tiré les Pairs, de l'avantage de la Seance à celle de l'opinion, qu'il n'a pas pû trouver d'autre raifon à y oppofer finon que les Chanceliers, qu'il dit preceder & tenir le pre-mier rang dans ces Affemblées, y étant affis aux bas fieges, cela mar-que qu'ils ne font pas les moins honorables. Mais outre que cette place des Chanceliers eft unique, & fans confequence, & eft la plus propre pour les fonctions qu'ils exercent pour le Roy aux Lits de Juftice; il eft certain que la conteftation n'eft, & ne peut être, entre les Pairs & les Chanceliers pour l'opinion; puis que les Chanceliers n'y agiffant point en leur nom, n'y opinent point; & qu'après avoir recueilly la volonté de Sa Majefté, & les avis des Princes du Sang, des Pairs, & du Parle-ment, il prononce l'Arreft au nom du Roy même qui feul y prefide. Et pour faire voir clairement que cette place où fe mettent les Chance-liers aux Lits de Juftice, n'eft pas preferable à celles des Pairs, il n'y a qu'à confiderer où fe met la Reine, Monfeigneur le Dauphin, & Meffieurs les Princes du Sang, & à remarquer qu'aux Lits de Juftice, des Chanceliers ont fouvent préferé la Séance en haut aux bancs des Pairs, à leurs places ordinaires de Chanceliers. Ainfi qu'il eft écrit dans le Regiftre des Seances du 19. May 1369. du Cardinal & Evêque de Beauvais Pair, & Chancelier de France, & des 16. & 20. Decembre 1527. du Chancelier du Prat, Cardinal & Archevêque de Sens, qui fe mit aux hauts fieges des Pairs Ecclefiaftiques, à la derniere place, & aprés deux Cardinaux.

L'on obfervera en troifiéme lieu, qu'il eft tout-à-fait hors du fujet de vouloir tirer du rang des Chanceliers une confequence contre les Pairs, & encore moins de celuy des autres Officiers de la Couronne, fous le prétexte de l'Ordonnance de 1582. puis qu'outre qu'il n'y a rien dans cette Ordonnance à l'avantage des Prefidens, qui n'y font pas feu-lement nommez, le dernier Memoire des Pairs a fort bien montré l'in-validité de ce réglement, que la feule faveur & confideration du temps avoit fait donner; Et en effet, Henry III. luy-même l'a jugé fi peu pra-

D d

tiquable qu'il ne l'a jamais fait executer , & qu'en toutes fortes de rencontres depuis ce temps-là , les Ducs & Pairs ont toûjours été maintenus
dans leur ancienne poffeffion de preceder les Officiers de la Couronne.
Et il n'y a pas lieu de s'en étonner, puifque s'il eft vray ce qu'en rapporte
le celebre du Tillet , les Conneftables mêmes , qui ne doivent feulement
porter le manteau & la Couronne que de Comtes , & ne tenir le rang
que de Comtes , ne marchent qu'aprés les Ducs ; à plus forte raifon les
Ducs doivent-ils préceder tous les autres Officiers de la Couronne, dont
le Conneftable eft le premier. Auffi lorfque les Conneftables qui étoient
Ducs & Pairs , ont été au Parlement , ils y ont toûjours pris feance entre
les Pairs & felon le rang de leur Pairie , ainfi qu'il paroift dans les Lits
de Juftice de Henry II. du 12. Novembre & 12. Fevrier 1551. dans les
Seances de 1561. & 1563. & plufieurs autres.

6. L'Auteur du Memoire n'a pas raifon de trouver mauvais que la
Requefte des Pairs ait remarqué que la confideration des temps avoit fa-
vorifé dans ce fiecle la pretention des Prefidens , puifque chacun fçait
que ç'a efté feulement dans les deux dernieres minoritez , que l'ancienne
poffeffion des Pairs touchant l'honneur d'opiner aux Lits de Juftice a efté
interrompuë ; & d'ailleurs que les ufages qui font conformes au droit &
à juftice ne doivent jamais être attribuez à des confiderations de faveur.

7. Sur la derniere réponfe que fait l'Auteur du Memoire à la difference
que la Requefte des Pairs avoit marquée entre leurs dignitez hereditaires,
& les offices de Prefidens , il faut remarquer.

Premierement , qu'encore que la charge de Premier Prefident ne foit
pas venale , neanmoins comme c'eft la feule , & que toutes les autres de
Prefidens au Mortier , fe vendent & s'achetent , les Pairs ont pû dans
leur Requefte en parler indéfiniment ; neanmoins ils n'ont pas laiffé dans
leur dernier Memoire , où ils ont plus particulierement expliqué les chofes , de dire en parlant de ces charges celles *qui fe donnent* & celles *qui
s'obtiennent avec agréement*. Car les premieres marquent celle de Premier
Prefident , & les autres celles des Prefidens au Mortier , lefquelles ne fe
vendent point fans un particulier agréement du Roy ; mais cet agréement
ne donne pas aux Rois la liberté d'en difpofer fi abfolument , que les
perfonnes qu'ils en voudroient gratifier les puiffent obtenir fans qu'il leur
en coute de trés-grandes fommes.

Il n'en eft pas de même de la dignité de Pair , parce qu'encore que
toutes les dignitez feodales comme de Duc , de Marquis , & de Comte ,
étant purement réelles , & unies aux terres aufquelles les Rois les ont at-
tachées , fe puiffent vendre & acheter lorfqu'elles font creées pour *tous
les fucceffeurs & ayans caufe* , que les acquereurs font capables de porter ces
titres , c'eft à dire nobles , & que les Rois les en reçoivent à foi & hommage ; neanmoins l'éminent titre de Pair , qui comme parlent les Rois
en quelques éréctions de Duchez en Pairies , *eft un honneur ajoûté à un autre
honneur* , & comme le dernier comble de grandeur auquel les Rois peuvent élever un de leurs fujets, étant une dignité plus perfonnelle que réelle ;

plus attachée aux familles qu'aux terres ; & d'une nature toute particuliere , & toute differente des autres dignitez feodales , bien loin de passer
jamais à des acquereurs & des étrangers , elles ne peuvent pas même selon l'usage ordinaire , tomber en ligne collateralle , quelques termes
d'ayans cause , que porte l'érection. D'où vient que dans quelques anciennes Lettres d'érections, les Rois ont fait grande difference entre la dignité de Pair , & celle de Duc ; ayant mis pour une condition expresse
qu'en cas que la terre érigée en Duché & Pairie, passant en d'autres mains
que ceux de la ligne , la qualité de Pair seroit éteinte , & la terre ne seroit
plus que Duché.

En second lieu , il faut remarquer que la dignité de Pair , n'est pas
seulement distinguée des charges & des offices, en ce qu'elle n'est point
venale ; mais encore en ce qu'elle est hereditaire , réelle , & feodale ou
seigneuriale ; parce qu'encore que tout ce qu'il y a de dignitez dans le
Royaume de quelque nature qu'elles soient , tirent ce qu'elles ont de
grandeur , d'honneur , & d'autorité du souverain principe de la Royauté où ces avantages resident originairement ; il est neanmoins sans doute que ce que les Rois en communiquent aux dignitez hereditaires & seigneuriales est d'un autre prix & d'une autre consideration , que ce qu'ils
en communiquent aux offices de leur Etat, quelques grands qu'ils soient.
Car les dignitez de Duc & Pair , étans Seigneuriales dominantes sur
leurs vassaux , sont de pareille nature à celles de Roy , qui est une dignité
de domination & de Seigneurie ; & elles font partie de la Royauté ,
quoiqu'en un dégré infiniment au dessous , & dans un ordre de soûmission & de dépendance. Et en effet , les Pairs possedant autrefois les
seuls fiefs Royaux ou immediatement relevans de la Couronne , tout le
Royaume n'estoit composé que de trois parties ; du Roy qui estoit le
Chef & le Souverain , des Pairs qui estoient ses premiers vassaux, & de
tous les autres qui relevoient des Pairs dans la dépendance de la Royauté.
Et quoiqu'il y ait maintenant plusieurs autres vassaux immediats de la
Couronne qui ne sont point Pairs , les Pairs qui sont successeurs des anciens, ont neanmoins toûjours retenu cette préeminence par dessus les
autres, d'être les Princes ou premiers Seigneurs de France (après les Princes du Sang Royal, que l'on ne separe point de la Royauté) & les Chefs
naturels & ordinaires de la Noblesse, ainsi que leurs fonctions aux Sacres ,
& leurs Seances dans les Etats generaux le marquent toûjours.

Mais les offices de l'Etat , quelques grands qu'ils soient , n'étant que
viagers, personnels , & destinez à de certaines fonctions pour le service
de la personne du Roy , ou de son Royaume, n'entrent point , si l'on
peut parler ainsi , dans cette Hierarchie politique , & dans ce composé
du corps de l'Etat, comme des personnes destinées à contribuer dans
leurs employs à l'avantage, au maintien , & à l'ordre de ce grand Corps ,
dont le Roy est le Souverain & unique Chef, & les Ducs & Pairs les premiers & principaux membres.

Et ainsi l'honneur & l'autorité que les Rois ont communiqué aux

Ducs & Pairs, est un honneur réel, permanent, seigneurial , & de même
nature que celuy de la Royauté ; mais l'honneur & l'autorité qu'ils communiquent à leurs Officiers , n'est qu'un honneur relatif & representatif,
passager , & pour parler ainsi ministeriel, & d'une espece toute differente,
& beaucoup inferieure.

Je ne parleray point icy d'une derniere consideration , que l'Auteur du
Memoire represente sur la fin de celuy-ci aprés en avoir déja tant dis-
couru dans le premier, sçavoir que le Roy a plus d'interest à relever la
dignité des Presidens , que celle des Pairs ; parce que le dernier Memoire
des Pairs y a si bien répondu, qu'il n'y peut plus rester de difficulté. De
sorte que je ne doute point que ceux qui examineront tous ces Ecrits , ne
jugent tous que l'Arrest solemnel que Sa Majesté a rendu en faveur des
Pairs , ne soit trés-juste & trés-équitable.

A Paris , chez Antoine-Urbain Coustelier , 1716.

www.ingramcontent.com/pod-product-compliance
Lightning Source LLC
Chambersburg PA
CBHW071458200326
41519CB00019B/5785